應用社會科學調查研究方法系列叢書 ⑦

參與觀察法

Participant Observation：
A Methodology for Human Studies

Danny L. Jorgensen 著
王昭正、朱瑞淵譯
孫智陸校閱

弘智文化事業有限公司

Danny L. Jorgensen.

Participant Observation : A Methodology for Human Studies

Chinese edition copyright © 1999
By Hurng-Chih Book Co., Ltd..
For sales in Worldwide.

ISBN 957-98081-9-8
Printed in Taiwan, Republic of China

前言

　　本書將介紹參與觀察法的基本原則及技巧。它是為沒
有此方法之背景或經驗的學生、專業人員、學術人員以及
學者而設計。利用本書中的資料，你便可以著手進行參與
觀察研究。本書誠摯邀請您參與熟悉和實行參與觀察法的
行列。

　　參與觀察法有許多不同的概念。從實證主義的角度來
看——認為人文研究必須與自然科學，如物理學，採用一
致方法論的觀點——參與觀察法有時被認為是不科學的
（Easthope, 1971）。然而，就實證主義的觀點而言，參與
觀察法更常被認為是一種在探索性及描述性科學研究的初
期相當有用的工具（Lazarsfeld, 1972; Babbie, 1986）。由參
與觀察法所導出的屬性描述，常被用來建立檢驗、歸納及
假設等概念。這些概念在經過進一步的試驗後，可以用來
建立解釋性的理論。因此，簡言之，從實證主義的角度來
看，參與觀察法只是一種特殊形式的觀察，一種蒐集資料
的獨特方法，對建立解釋性理論的最終科學目標而言，沒
有任何其他用處。

有時，對這種方法論較為熱衷的擁護者便接受這樣狹隘的概念，認為參與觀察法便是一種資料蒐集。不然，就是不斷企圖在參與觀察法和人文研究的實證主義觀點之間，尋找協調的可能性。舉例來說，參與觀察法便曾被認為可用於檢驗概念、試驗假設及／或建構因果規律（McCall, 1978; Lofland & Lofland, 1984）。然而，在一般情形下，參與觀察法卻被視為一種迥異於自然科學方法的方法論，特別適用於人類存在的特異性質。儘管和其他研究方法相較，參與觀察法並沒有任何「不科學」的地方，它卻形成了一種人文主義的方法論——這是從科學走到人文研究獨特課題時的必要性調整（Bruyn, 1966; Johnson, 1975; Douglas, 1976）。近來，一些人種誌研究者便將參與觀察法在科學定位方面的爭論，視為參與觀察研究史的前現代階段（premodern phase）（Denzin, forthcoming; Clifford & Marcus, 1986; Rabinow, 1977; Van Maanen, 1983）。

　　然而，我們對參與觀察法之人文主義方法論所確切涉及的部分，並不全然清楚。造成此種情形的原因至少有二。第一，參與觀察法的實行者拒絕整理出明確的步驟和技術。參與觀察法的實施，一直被視為充滿藝術性質，不適合以線性或機械性的形式介紹。有意學習參與觀察法的人，一直都被鼓勵成為某位大師級工作者的門徒，閱讀此種方法的經典研究案例，再進入田野研究，由經驗中直接學習（Wax, 1971）。對許多狂熱的實行家來說，參與觀察法是一種藝術形式，而且，幾近一種已成為口述傳統的生活方式。第二，就算是以教科書的形式介紹參與觀察法，對其進行明確的討論時，每位作者所強調的特徵仍相當分歧。各式範疇，像是圈內人的意義世界、日常生活的自然環境、進入研究環境、發展關係、培養資料提供者、參與、觀察、不同形式的資料蒐集、發現與歸納的邏輯推衍、釋義性理論的建立等等，都分別受到選擇性和差異性的處理（Hinkle & Hinkle, 1954; Lindeman, 1923; Palmer, 1928; Webb & Webb, 1932; Junker, 1960; McCall & Simmons, 1969; Lofland, 1971; Schatzman & Strauss, 1973; Spradley, 1980; Hammersley & Atkinson, 1983）。

為建立一套參與觀察法的概念，並在本書中進行介紹，我必須先作一些決定和讓步。對我來說，參與觀察法一直是我生活中的第一要務（如果它還不是一種生活方式的話），也是我社會地位的一項重要成分。然而，你並不一定得和我一樣，才可以適當地使用參與觀察法，並由此獲得益處。

所有的科學探索都不免涉及許多非理性、超科學的因素，同時，依賴人為的判斷、決定及技巧（Watson, 1968; Cicourel, 1964, 1968, 1974; Garfinkel, 1967; Knorr-Cetina & Mulkay, 1983）。對參與觀察法來說，情況特別是如此。因為，參與觀察法的實施，基本上便有賴研究者熟練調適日常生活現實情境的能力（Johnson, 1975, 1977）。有些人，部分因為他們易與他人產生互動並建立關係的能力，和其他沒有這種能力的人相較，可以更輕易地使用參與觀察法。基於同樣的原因，有些人也可以成為較好的參與觀察者。

參與觀察法的邏輯是非線性的。研究者需要運用大量不同的技巧，進行判斷，還要具備創造力，才可以實施參與觀察法。同時，許多不同的非理性因素也影響到大部分實際研究的範疇（Johnson, 1975; Douglas, 1976; Reimer, 1977）。我們不能只用一系列高度機械性的步驟說明參與觀察法，讓任何人在遵循這樣的步驟進行之時，便能毫無例外地完成合格的參與觀察研究。然而，這也不是說，參與觀察法完全不能，或是不該以一種直接而完整的實施模式呈現。我們在這裡所發展出的參與觀察概念，以明確的態度，看待這些影響研究者或是研究本身的非理性因素。我們向所有的工作者提出警告，並且，鼓勵他們公開而誠實地說明這些影響，特別是在提出研究發現時。同樣的，我們也意識到參與觀察法需具備人際關係手腕的特質。因此，我們也鼓勵工作者培養適當的人際關係技巧及相關能力，以在田野研究中，使用敏感和創意的判斷來思考及行動。

科學的實證主義和人文主義兩方面的概念，一直無法獲得整合。本系列叢書的編輯希望我對參與觀察法提出一些較為普遍、較具一般性的概念。因此，我低調處理了參與觀察法和實證主義方法論的爭議，只強調參與觀察法的特徵而不進行比較。我們並不能阻止讀者將參與觀察當作一種純粹蒐集資料的方法，用於其他理論和研究的實證主義概念中。這樣的使用方式，並無法讓參與觀察法發揮它全部的力量。但是，就算你真的這麼做，也不會產生不良影響。

然而，就我個人的看法和實施參與觀察法的傳統而言，我們也只能將它用一種完全人文的方法論加以介紹。對於人類日常生活的直接參與，為參與觀察探究的邏輯和方法，提供了參考點，也為那些在非參與者的觀點中常晦澀不明的現象，提供了深入其中研究的策略。這個參考點，以及其他參與觀察法的相關領域，都嚴重依賴既存的文獻及傳統，特別是美國的人類學及社會學所發展出的文獻及傳統（Hinkle & Hinkle, 1954; Wax, 1971; Emerson, 1983）。但是，我們在此所介紹的參與觀察概念，卻希望為這個方法論提供連貫、統一的透視性論述，不僅只是折衷地彙集由各處借來的概念元件。我同意 Denzin（即將出版）的看法。目前，在實際工作者企圖將後現代的理念帶入之時，參與觀察法正經歷一場徹底的轉型。但我強烈反對某些人的看法，認為這樣的轉型必須完全拋棄傳統，或者，我們再也不需要這樣的方法。

本書的第 1 章將介紹參與觀察法的概念。第 2 章則將討論及說明參與觀察研究的獨特邏輯。隨後的章節再針對參與觀察法的特定範疇，分別進行討論：進入人類環境（第 3 章）；參與（第 4 章）；發展及維繫田野關係（第 5 章）；觀察及蒐集資料（第 6 章）；製作及保存筆記、記錄及檔案（第 7 章）；分析研究發現（第 8 章）；以及，離開田野研究並報告研究發現（第 9 章）。

許多人都對本書的完成貢獻良多。在我早年對於社會學的涉獵和參與觀察法的使用上，Margrette L. Nelson 給了我相當大的鼓勵。因為 Gisela J. Hinkle，這些興趣又獲得進一步地培育和鼓舞。這本書的想法，是由 Stephen P. Turner

首先提出的。在整個計畫中，他也不斷地給予我們鼓勵。John M. Johnson 及 David L. Altheide 直接影響了我對參與觀察法的觀點及實行。他們讓我認識了 Jack D. Douglas 和他的作品，其中有許多著作，都是對這套方法論的理解有相當貢獻的文獻。他們也是當代一群重要的田野工作者，而我亦曾有幸參與他們的工作。Joseph A. Kotarba、Peter Adler 以及 Carolyn S. Ellis 在讀過這本書的手稿之後，提供我非常寶貴的意見。Carol Rambo 的經驗，讓我重新思考這套策略。負責打字、編輯等等工作，讓這本書成形的那位幕後功臣，給了我相當多的幫助。我深深地感謝她，也尊重她的要求，不提到她的名字。我也深深感激 Sam Fustukjian，南佛羅里達大學 Nelson Poynter 紀念圖書館的主任，以及該圖書館的工作人員，特別是 Helen Albertson、Jackie Shewmaker 和 Tina Neville 的寶貴協助，幫我取得相關的文獻。Julie、Greta、Adrean、Eric 及 Mikkey 讓我得以時常接觸真實的日常生活。而 Lin 的陪伴，讓我的生命擁有最大的意義。

這本書，獻給 Bruce Edward（1955 年 11 月 7 日-1980 年 3 月 15 日）。

Danny L. Jorgensen

叢書總序

美國加州的 Sage 出版公司，對於社會科學研究者，應該都是耳熟能詳的。而對研究方法有興趣的學者，對它出版的兩套叢書，社會科學量化方法應用叢書（Series: Quantitative Applications in the Social Sciences），以及社會科學方法應用叢書（Applied Social Research Methods Series），都不會陌生。前者比較著重的是各種統計方法的引介，而後者則以不同類別的研究方法為介紹的重點。叢書中的每一單冊，大約都在一百頁上下。導論的課程之後，想再對研究方法或統計分析進一步鑽研的話，這兩套叢書，都是入手的好材料。二者都出版了六十餘和四十餘種，說明了它們存在的價值和受到歡迎的程度。

弘智文化事業有限公司與 Sage 出版公司洽商，取得了社會科學方法應用叢書的版權許可，有選擇並有系統的規劃翻譯書中的部分，以饗國內學界，是相當有意義的。而中央研究院調查研究工作室也很榮幸與弘智公司合作，在國立編譯館的贊助支持下，進行這套叢書的翻譯工作。

一般人日常最容易接觸到的社會研究方法，可能是問卷調查。有時候，可能是一位訪員登門拜訪，希望您回答就一份蠻長的問卷；有時候則在路上被人攔下，請您就一份簡單的問卷回答其中的問題；有時則是一份問卷寄到府上，請您填完寄回；而目前更經常的是，一通電話到您府上，希望您撥出一點時間回答幾個問題。問卷調查極可能是運用最廣泛的研究方法，就有上述不同的方式的運用，而由於研究經費與目的的考量上，各方法都各具優劣之處，同時在問卷題目的設計，在訪問工作的執行，以及在抽樣上和分析上，都顯現各自應該注意的重點。這套叢書對問卷的設計和各種問卷訪問方法，都有專書討論。

問卷調查，固然是社會科學研究者快速取得大量資料最有效且最便利的方法，同時可以從這種資料，對社會現象進行整體的推估。但是問卷的問題與答案都是預先設定的，因著成本和時間的考慮，只能放進有限的問題，個別差異大的現象也不容易設計成標準化的問題，於是問卷調查對社會現象的剖析，並非無往不利。而其他各類的方法，都可能提供問卷調查所不能提供的訊息，有的社會學研究者，更偏好採用參與觀察、深度訪談、民族誌研究、焦點團體以及個案研究等。

再者，不同的社會情境，不論是家庭、醫療組織或制度、教育機構或是社區，在社會科學方法的運用上，社會科學研究者可能都有特別的因應方法與態度。另外，對各種社會方法的運用，在分析上、在研究的倫理上以及在與既有理論或文獻的結合上，都有著共同的問題。此一叢書對這些特定的方法，特定的情境，以及共通的課題，都提供專書討論。在目前全世界，有關研究方法，涵蓋面如此全面而有系統的叢書，可能僅此一家。

弘智文化事業公司的李茂興先生與長期關注翻譯事業的余伯泉先生（任職於中央研究院民族學研究所），見於此套叢書對國內社會科學界一定有所助益，也想到可以與成立才四年的中央研究院調查研究工作室合作推動這翻譯計畫，便與工作室的第一任主任瞿海源教授討論，隨而與我們兩人洽商，當時我們分別擔任調查研究工作室的主任與副主任。大家都認為這是值得進行的工作，尤其台灣目前社會科學研究方法的專業人才十分有限，國內學者合作撰述一系列方法上的專書，尚未到時候，引進這類國外出版有年的叢書，應可因應這方面的需求。

中央研究院調查研究工作室立的目標有三，第一是協助中研院同仁進行調查訪問的工作，第二是蒐集、整理國內問卷調查的原始資料，建立完整的電腦檔案，公開釋出讓學術界做用，第三進行研究方法的研究。由於參與這套叢書的翻譯，應有助於調查研究工作室在調查實務上的推動以及方法上的研究，於是向國立編譯館提出與弘智文化事業公司的翻譯合作案，並與李茂興先生共同邀約中央研究內外的學者參與，計畫三年內翻譯十八小書。目前第一期的六冊已經完成，其餘各冊亦已邀約適當學者進行中。

推動這工作的過程中，我們十分感謝瞿海源教授與余伯泉教授的發起與協助，國立編譯館的支持以及弘智公司與李茂興先生的密切合作。當然更感謝在百忙中仍願抽空參與此項工作的學界同仁。目前齊力已轉往南華管理學院

教育社會學研究所服務，但我們仍會共同關注此一叢書的
推展。

章英華‧齊力

于中央研究院

調查研究工作室

1998 年 8 月

目錄

1

參與觀察的方法論

　　本章將介紹並定義參與觀察的方法論,同時,論述參與觀察法的用途及限制。參與觀察之方法論共可由七項特徵定義並說明。在本章中,我們也將比較參與觀察法和其他方法,特別是實驗法及調查法。

參與觀察法的用途

　　參與觀察的方法論幾乎適用所有關乎人類存在的研究。經由參與觀察法,我們可以對發生的事件、參與事件的人或物、事件發生的時間地點、事件發生的歷程、以及事件在特殊情境下發生的原因——至少是從參與者的角度所了解的原因，進行描述。對於有關過程、人群及事件的關係、人群及事件的組織、長時間的連續現象、模式、以及人類存在空間的短期性社會文化環境的研究而言，參與觀察的方法論都是優異的選擇。

下面這些情形特別適用參與觀察法：

___ 對該現象所知極微時（例如：新近形成的族群或行動、情緒運作、基督教基本教義派之教會學校、即興行為）；

___ 圈內人和圈外人的觀點有重大差異時（例如：民族、工會、管理階層、次文化族群，如神祕主義者、撲克玩家或天體海灘客，甚至包括某些職業，如外科醫生、牧師、新聞播報員或科學家）；

該現象對圈外人為晦澀不明時（例如：私密之互動關係及族群，如生理及心智疾患、青少年性行為、家庭生活或宗教儀式）：或者

___ 該現象非為公眾可見時（例如：犯罪及偏差行為，或是祕密族群或組織，例如吸毒及販毒者、教派性宗教）。

然而，參與觀察的方法論並不適用於所有的學術研究。對於有關大型族群的問題、有限變數中明確的因果關係、以及可進行檢驗的數值問題，我們可以用其他方法，如調查法或實驗法，提供更佳的說明。在下列基本條件存在時，最適合使用參與觀察法進行研究：

___ 欲研究的問題和圈內人的人文意義及互動關係相關；

___ 欲探索的現象可在日常生活的情境或環境中觀察；

___ 研究者可接近適當的環境；

___ 該現象的規模及位置均有限度，可使用案例形式進行研究；

___ 研究所提出的問題適用於案例研究；同時

___ 欲研究的問題可由取自直接觀察法或其他適於田野環境之研究方法的屬性資料獲得說明。

　　參與觀察法特別適用探索性研究、敘述性研究、以及目的在取得理論性解釋的一般性研究。儘管參與觀察法對於理論的試驗較無用處，但由此種研究方法取得的發現卻適合用來檢驗理論及其他知識性的主張。

參與觀察法的特徵

　　參與觀察的方法論是由研究的原則、策略、步驟、方法及技術構成。在此，我們用下列七項基本特徵定義參與觀察法：

1. 以特定情境和環境的圈內人角色，對人文意義和互動關係所表現的特殊關心；

2. 以日常生活的情境和環境，作為研究本身和研究方法的基礎；

3. 強調解釋和理解人類存在的理論及理論推衍形式；

4. 開放式、彈性、機會主義，同時，需要持續根據人類存在現實環境中的事實，重新定義問題的研究邏輯和方法；

5. 深入、屬性、案例式的研究方法及設計；

6. 參與者角色的表現，包括在田野研究中，建立並維繫與當地民眾間的關係；以及

7. 直接觀察法以及其他資訊蒐集方法的使用。

　　最後，參與觀察法的目標，是對紮根於日常存在現實中的人類生命，找出實用及理論性的事實。

圈內人的觀點

　　在日常生活中，人類了解其周遭世界的意義。他們賦予世界意義，也根據這些意義產生互動行為（Schutz, 1967; Blumer, 1969; Denzin, 1978）。假如人類將某種情況定義為「真實」，那麼，這種情況所造成的結果也就會是「真實」的（Thomas & Thomas, 1928）。當然，對於事物的意義，人們可能會「犯錯」。但是，就算是錯誤的概念，也會產生真實的結果。日常生活的世界，對原住民、圈內人或是成員，構成「現實」的情境（Lyman & Scott, 1970, 1975; Berger

& Luckmann, 1966）。圈內人對真實的概念，無法直接轉移給外地人、圈外人或是非成員。最初，他們都得以陌生人的身分體驗這些概念（Schutz, 1967; Simmel, 1950）。

舉例來說，在真正了解圈內人的文化和他們用來傳達各種意義所用的語言之前，我們只能對圈內人的世界產生粗略的概念（Hall, 1959, 1966）。為獲得進一步的理解，我們還必須了解他們在某些特殊情境下所使用的文字（Hall, 1976）。在特殊的情境下，圈內人會處理、操縱、安排各種文字意義，同時，有意或無意地，對圈外人隱瞞這些意義（Goffman, 1959, 1974; Douglas, 1976）。

參與觀察法的重點便是在圈內人所認識的人類存在意義（Znaniecki, 1934; Spradley, 1980）。圈內人觀點中的日常生活世界，便是參與觀察法所要描述的基本現實情境。換句話說，參與觀察法便是要揭露人們日常生活中的意義，也就是所謂的「現實」。由於其將日常生活的意義視為第一優先，參與觀察法和其他起源於受理論及假設定義之概念的方法有明顯的差別。

為了由內部成員的角度，針對捕魚社區中的日常活動進行描述，Ellis（1986）成為兩個 Chesapeake 社區的參與觀察者。Latour 及 Woolgar（1979）和 Lynch（1985）亦曾使用參與觀察法，對實驗科學圈內人的概念進行描述。經由參與觀察法，Mitchell（1983）由圈內人的觀點，描述了登山的經驗和意義。Kleinman（1984）使用參與觀察法，從圈內人的角度揭露神學院生活的意義。Chenitz 及 Swanson（1986）運用參與觀察法，建立了實務理論，並運用於護理工作上。Gallimeier（1987，即將出版）根據參與觀察法，研究職業曲棍球選手的生活意義和經驗。簡言之，參與觀察法為我們提供了直接的實驗和觀察工具，進入圈內人的意義世界。

日常生活的世界

對參與觀察法而言，日常生活的世界便是人類存在之平凡、普通、典型、例行或自然的環境。這個世界和研究者在實驗法及調查法中創造並操縱的環境正好相反。我們都知道，動物在處於由研究者建立並操縱的環境中時（如動物園），會有和天然棲息地中不同的行為及反應。相同的，人類知道自己正在接受研究時，也會有不同的行為，特別是研究者明顯操縱環境時（Roethlisberger & Dickson, 1939; Douglas, 1976; Douglas et al., 1980）。

日常生活的時間和空間，至少在兩個基本方面，對參與觀察法展現其重要性。第一，這是研究者定義及琢磨研究主題或問題的地方。第二，這是研究者參與的地方。不論研究問題的最初來源為何，不論是概略性的理論、實際經驗、巧合或其他，我們都必須參考日常生活情境下的人類存在情形，重新澄清及修飾研究的主題和進行研究所用的問題。同樣，研究者也必須參與日常生活情境，並在其中進行觀察。我們必須盡一切的努力，將研究者對研究情境的外來干擾或入侵程度減到最低。參與者的角色，可以為研究者提供一種進行謙遜（unobtrusive）觀察的方法。

舉例而言，Sanders（1988）直接以「常客」的身分，參與了四個刺青美容院，同時對這個日常生活環境進行觀察。為了研究學齡前兒童的社交世界，Mandell（1988）參與了兩個日間托兒中心，並在遊戲場、教室、走廊、洗手間及餐廳中進行觀察。Hockey（1986）從最初之徵募及基本訓練的現實情境，一直到步兵團的日常生活、北愛爾蘭的巡邏、卸下任務後的社交生活等各個方面，分別對英國陸軍士兵的文化進行研究。為了在一個南方的黑人社區中研究壓力及心理健康，並設計一套合適的介入策略，Dressler（1987）參與並觀察了這個環境，從主要的資料提供者處蒐集資料，同時，自該項研究的目標社區中，招募研究助理和諮詢人員。

釋義性理論及理論推衍

參與觀察法的目標，是要為人類的存在提供實用及理論性的事實。從這個角度來看，所謂的「理論」，可以定義成一組概念和歸納的結果。理論提供了解現象的一種觀點、一種看法、或是一種釋義（Blumer, 1969; Agar, 1986）。參與觀察法可以產生概念和歸納結果，進而成為釋義性理論。這些概念和歸納結果可用來檢驗既存的假設和理論。

由參與觀察法所產生的概念、歸納及釋義，可以用來進行實用的決策（Chenitz & Swansob, 1986; Williams, 1986）。

釋義性理論和一般用來解釋、預測及控制人類現象的理論不同（Douglas et al., 1980; Polkinghorne, 1983; Agar, 1986）。解釋性理論是由邏輯上密切相關的主張構成。理想狀況下，解釋性理論含有類似定律的主張，提供因果關係的解釋。解釋性之理論推衍方法強調檢驗預言概念之間關係的主張或假設（Wallace, 1971; Gibbs, 1972; Blalick, 1971）。

解釋性的理論推衍包括一套「驗證的邏輯」，特別是在假設檢定的形式之下（Kaplan, 1964）。這套邏輯是由下列步驟進行：（1）使用衍生自理論知識摘要的假設形式，或與這些摘要相關的假設形式，定義研究問題；（2）以檢驗的方法，定義此等假設的概念（一般稱為操作）；以及（3）對概念進行精確的檢驗，最好是屬於屬量檢驗（以程度或數量進行之檢驗）。舉例而言，實驗法及許多調查性研究的形式都可以用來檢定假設和解釋性的理論。

舉例說明，Altheide（1976）曾使用參與觀察法進行一項電視新聞的研究。他想了解新聞製作過程所產生的偏見和對事實的扭曲。在閱讀相關的文獻後，Altheide 取得許多對於這個問題的不同見解，也得知一些解釋新聞為何及如何產生偏見的特定主張（假設）。他懷疑，就某些方面而言，偏見和新聞工作者製作新聞節目的方式有關。在帶著這樣的粗略想法，但沒有任何特定假設（可操作之定義或測量）的情況下，Altheide 開始描述新聞工作者對新聞工作的看法，以及他們如何實際從事這份工作。他的研究發現用屬性式的詳細描述，說明新聞工作的實際及組織性特徵，如何造成扭曲事實的觀點。這項有關新聞中偏見觀點的釋義性新理論，提供了有力的經驗基礎，對部分先前主張的精確性提出質疑（若非完全推翻這些先前假設），並為其他理論主張重新提出釋義。這項研究也造成 Altheide 對新聞製作釋義性理論的後續研究和修飾（Altheide, 1985; Altheide & Snow, 1979）。

Emerson（1969）對幫派份子所進行之參與觀察研究，為「最後手段」提供了更為廣泛的概念（Emerson, 1981）。Suttles（1968）就貧民窟所進行之參與觀察研究，形成社區理論（Suttles, 1972）。Irwin（1970）對囚犯所進行之參與觀察研究，產生了重罪罪犯的類型學，以及對現代監獄的理論批判。Fox（1987）對「龐克族」所進行之參與觀察研究，提出了龐克身分的類型學，並對這種反現狀次文化非正式階層的形成，提供了粗略的概念。Goffman（1961）所提出的「全方位醫院」重要理論性概念亦是源自其在一所醫院中所進行的參與觀察研究（Richard, 1986）。

開放式邏輯及研究方法

參與觀察研究可以根據某些簡要的概念進行。或者，也可以衍生自田野研究的參與。不論是那一種方式，我們都必須參考真正的研究環境，確切定義並修飾所要研究的問題。參與觀察法強調「發現的邏輯」；這是一套目的在於鼓動概念、歸納及理論的過程（Kaplan, 1964）。換句話說,它的目的是要建立基於人類現實的理論(Glazer & Strauss, 1967; Agar, 1986)。我們需要一套彈性的開放式流程，以識別並定義所要研究的問題、概念、以及蒐集和評估證據之適當方法。

參與觀察法鼓勵研究者由現實情境及環境中的生活經驗著手，並盡量利用所有的機會（Whyte, 1984）。舉例來說，Scott（1968）便利用他對於賽馬的興趣，對賽馬進行參與觀察研究。在研究者擁有參與的理論興趣時，還必須對什麼是重要的概念、其如何具有或不具相關性、以及什麼是因此產生的研究問題等等議題的確切答案保留開放性，再根據研究者能夠發現和觀察的事項，對其進行修飾及重新定義。在這套研究的流程及邏輯中，研究者必需定義研究問題，同時，保留開放性，再持續根據取自田野的資料重新定義問題。參與觀察法也鼓勵研究者提供延伸性的屬性描述，說明人類在日常生活情境中的行為及言語，以定義概念。

例如，Wallis （1977）便曾使用參與觀察，針對一組「廣泛的主題」，而非假設，蒐集有關「科學的科學」（Scientology）的資料。Weppner（1983）在明確定義進一步所要研究的問題之前，便先參與了一項癮性治療計畫。和 Weppner 相似，Sudnow（1978）在計畫將即興演奏當作研究主題之前，便已學習並演奏爵士鋼琴多年。換句話說，

Sudnow 對即興演奏之架構及完成方式的特殊興趣,部分即是來自他的鋼琴演奏經驗。

深入性案例研究

　　案例研究有許多不同的形式,大部分皆不涉及參與觀察法(Yin, 1984)。然而,參與觀察法一般卻是以案例研究的形式實施。這包括個體案例的詳細描述和分析(Becker, 1968, p.232-38)。案例研究強調要嚴肅檢驗現象。同時,其亦避免使組成分子與其可能相關之大環境分離。接受研究的案例可能是文化、社會、社區、次文化、組織、族群或是現象,如信仰、行動或互動,以及人類存在活動的其他任何範疇。舉例來說,Gans(1962)便曾研究過居住在都市中的鄉下人的案例。Lofland(1966)曾研究宗教轉變的案例。Becker 等人(1961)則研究過醫學院文化的案例。
　　以參與觀察法進行的案例研究即企圖以研究問題的方式,對現象進行廣泛及徹底的描述。這個問題的學術性定義,一般均能提供單一案例的邏輯說明。例如,這個現象可能具有相當的重要性或獨特性,足以進行密切的研究。不論案例是否對較大族群具有代表性,或者,至少就其具有代表性之情況而言,其都可能會被認為不具有特別相關性,或者,其亦可能被留待將來進一步研究。比較性的案例研究通常都是根據單一案例之先前研究而來。舉例而言,

Ellis（1986）便曾參與過兩個捕魚社區。這讓她得以比較不同的案例。案例研究的邏輯明顯不同於強調在族群的大截面上蒐集資料的調查研究；也明顯不同於強調以變數的控制及比較說明因果關係的實驗法。

對於部分的參與觀察研究，我們進一步注意到單一研究的代表性問題或可能存在的偏見問題（Douglas, 1985）。研究者或許有專注於單一案例的好理由，例如，使用諸多理論抽樣的根據，支持此單一案例的「典型性」（Glazer & Strauss, 1967）。非機率抽樣（或理論抽樣）的技術，亦可應用於案例中的選擇性觀察。儘管，參與觀察的案例研究一般都不使用機率抽樣（probability sampling）的方法，但是，這些技術卻當然還是可以使用的。也因為如此，參與觀察法和大部分的調查研究形式均不相同，也和使用機率選擇實驗對象的實驗法不同。

舉例而言，Hochschild（1983）欲研究人類情緒的私密面及公開面。簡單來說，也就是「情緒運作」。這是一項探索性的研究，而且，其目標在於發展理論。部分因為如此，Hochschild 捨棄了實驗或其他形式的調查研究，根據參與觀察法，針對情緒運作進行了一項深入性的案例研究。

Hochschild 運用了理論性的邏輯選擇目標研究現象。一開始，他先用問卷捕捉所有指標，說明人類處理情緒運作的方式。Hochschild 擁有許多極佳的理論基礎，支持他以空服員的身分進行參與，同時進行觀察：情緒運作對服務性的職業特別重要；空服員的地位既不高也不低；而男性空服員的身分讓他以進行性別比較。他訪問了這項產業中的許多人士（工會人員、飛行員、收票員、性治療師、接待員、新進空服員、經理及其他空服員），希望取得有關情緒運作的不同觀點。他也藉由理論，說明選擇達美航空（Delta Airlines）作為研究對象的理由；這家公司設有較高的工作標準，而它的員工薪水卻低於其他公司。情緒運作在這個放大的情境下，比較容易看到，也比較尖銳。然而，除了達美航空之外，Hochschild 也觀察了其他幾家航空公司，以檢驗過分異常的觀察結果。

參與者角色

在參與觀察法中，研究者需要直接以參與者的身分，涉入人們的日常生活。參與者的角色，為我們提供了由成員或圈內人的角度，進入日常生活世界的途徑。我們也藉著和諧的內省觀察（sympathetic introspection）（Cooley〔1930〕, 1969）、人文係數（humanistic coefficient）（Znaniecki, 1934）、以及和諧的改造（sympathetic reconstruction）（Maclver, 1942），探討人類的意義和互動行為。換句話說，參與觀察是一種非常特殊的策略和方法，讓我們進入人類存在的私密面及主觀面（Krieger, 1985）。經由參與，研究者得以用圈內人的角色，觀察並體驗人類的意義及互動行為。

參與者的涉入程度，從扮演名義上的邊緣角色，到扮演原住民、圈內人或成員的角色不等（Junker, 1960; Gold,

1954, 1958, 1969）。研究者的涉入可以是公開的涉入（即在參與者知情之情況下涉入）、隱密的涉入（即在參與者不知情之情況下涉入），或者，最可能的情況，便是選擇性地讓圈內人得知研究者的興趣及目的(Adler & Adler, 1987; Adler & Rochford, 1986）。在進行研究時，參與觀察者必須扮演多重角色，同時，和研究的對象人群、情境以及環境，取得至少某種適當程度的融洽，甚至親密的關係。

　　身為參與者，研究者在獲得參與的許可後，便必須持續參與。同時，與田野研究對象維繫良好的關係（Johnson, 1975）。參與觀察者、田野環境中的對象人群、以及人類互動大環境間的關係，是參與觀察法的重要元素。田野關係的性質，嚴重影響到研究者蒐集正確、真實資料的能力。

　　舉例來說，Hayano（1982）在他對於撲克玩家所作的參與觀察研究之中，成為一位專業的撲克玩家（成為受到研究的現象）。同樣地，Sudnow（1978）在針對即興演奏進行研究之時，也成為一位爵士鋼琴家。值得注意的一點是，Hayano 和 Sudnow 對撲克牌和爵士鋼琴的興趣，都來自某些與學術無關之重要自傳式（或個人）因素。Forrest（1986）亦曾以學徒的身分作為參與觀察者的角色。相反地，對於其所研究的基督教基本教義派教會學校，Peshkin（1986）則僅於名義上參與該校的活動，一面保持研究者的身分，一面進行觀察。同樣，Wallis（1977）對「科學的科學」（scientology）的參與僅限於一段相當短的訓練期間。為了進行有關天體海灘客的研究，Douglas 自己成為了一位天體海灘客。但是，他也加入了反對天體海灘的屋主協會

（Douglas, Rasmussen & Flanagan, 1977）。Hayano、Sudnow
及 Wallis 大部分是以隱密的方式參與，而 Peshkin 的參與者
角色則完全公開。Douglas 並未對屋主們揭露他的研究興趣
（當然，他更沒有對他們揭露自己本身參與天體海灘的行
為）。但根據情況的不同，有時，天體海灘客們確實知道
他的研究者身分。

資訊蒐集的方法

　　直接觀察是蒐集資訊的主要方法。但是，參與觀察者
通常卻使用其他策略。根據參與者涉入情形的本質和範疇，
研究者的直接經驗或許是極為珍貴的資料來源（Cooley,
〔1930〕1969; Znaniecki, 1934, pp.157-67）。文件（如報紙、
信件、日記、備忘錄），以及其他形式之訊息（如錄音、
照片、錄影帶、廣播、電視）和人造物件（artifacts）（藝
術作品、工具、服裝、建築），均可由許多田野研究環境
取得。研究者也可以找到一些了解研究主題的資料提供者，
蒐集他們的生活歷史（Thomas & Znaniecki, 1918-19）。參
與觀察者亦常藉著非正式的交談，深入、非正式且未經設
計的訪談，以及經正式計畫的訪談和問卷等等，取得研究
資料（Fine, 1987; Wallis, 1977）。
　　參與觀察研究可由單一研究者獨自進行。或者，研究
者也可以選擇使用團隊策略（Lynd & Lynd, 1929; Warner &

Lunt, 1941, 1942; Warner & Srole, 1945; Warner, 1959; Vidich & Bensman, 1968; Becker et al., 1961）。團隊策略（team strategy）可以提供許多獨特的優點。舉例而言，研究者得以同時表現不同的參與者及觀察者角色，而且，眾多研究者的不同才能和身分（像是性別）也可以獲得利用（Golde, 1970; Douglas, 1976; Douglas, Rasmussen & Flanagan, 1977; Warren & R. Rasmussen, 1977）。

　　將參與觀察研究的結果作成記錄是非常重要的。參與觀察者通常都會將田野研究中的活動、獨特的經驗、以及其他可能有用的事件，記錄在日記或日誌中。在田野研究的過程中，或在結束某段時間的觀察後，研究者都可以對觀察所得的結果，進行文字或錄音記錄。各種行為可以藉著照相、錄音及／或錄影設備而獲得記錄。近來，電腦已經逐漸成為一種新的工具，用來記錄、建檔、或是執行其他得以協助研究者整理及分析研究素材的工作（Conrad & Reinhartz, 1984）。

　　舉例來說，Hochschild （1983）在研究情緒運作時，便曾使用問卷、多種形式的訪談、以及直接觀察等方式。Wallis（1977）亦曾大量運用各種文件、使用問卷、進行非正式的訪談，同時，也短暫地成為參與觀察者，以蒐集「科學的科學」的資料。Fine（1987）曾加入小聯盟進行觀察，並使用問卷進行研究。Altheide（1976）在研究新聞製作之時，則曾採用直接觀察法、進行正式和非正式的訪談、蒐集文件和新聞廣播，同時，也從事天然實驗。Hayano（1982）在撲克玩家的研究中，主要使用觀察和記憶兩種方式，並

在密集參與一段時間後進行記錄。Johnson（1975）分別在
對社會福利工作者進行參與觀察的期間之中及之後，以錄
音的方式，記錄直接觀察及非正式訪談的結果。Spradley
（1970）則是使用直接觀察、正式和非正式的訪談、生活
歷史等等，向研究對象中的資料提供者取得有關都市酗酒
者之資料。

摘要

　　參與觀察法適用許多關乎人類存在的學術研究。它的
重點是圈內人在日常生活的情境和環境中所看到的人類互
動行為和意義。它的目標是要找出實用及理論性的事實，
進而形成釋義性理論。參與觀察法包括一套開放、彈性、
機會主義的研究方法和研究邏輯，並根據得自田野研究的
經驗和觀察，持續修飾研究主題。參與觀察法一般是以案
例研究的形式實施，專注於現象或現象組的深入描述及分
析。參與是一種策略，讓我們得以進入以其他方式均無法
進入的人類生活和經驗範疇。直接觀察法及經驗法是蒐集
資料的主要方式，但研究者也可以進行訪談、蒐集文件、
並使用其他蒐集資訊的方法。
　　參與觀察法適用許多種類的問題，特別是將中心議題
放在人類定義日常生活環境，並與日常生活環境進行互動
所用的意義時。儘管參與觀察法特別適合探索性及描述性

的研究目的，其卻仍然可用於產生歸納結果，進而用來形成新理論或檢驗既存理論。參與觀察法迥異於實證主義的研究方法（positivistic approach），特別是實驗法及調查法。

　　和參與觀察法不同，實驗法需要控制及操縱研究環境。實驗法最適於測試特定之假設及理論，並用可以量化測量之變數間的因果關係呈現。和參與觀察法不同，實驗法具有高度強迫性（highly obtrusive），就探索性的目的而言，並不特別適用。調查研究法則特別適於針對公眾意見，以及族群之基本特性（人口統計學特性），蒐集大量的資料（Babbie, 1973; Fowler, 1984）。

　　調查所用的問卷或是訪談，讓研究者得以從相對較小的目標樣本身上，蒐集一組經過標準化之資料，大部分均是以量化的形式表現。機率抽樣的技術讓研究者得以將這些發現推廣到較大的族群。和實驗法相似，調查研究法可用於試驗理論和提供解釋。

練習

　　為進行本書所列之練習，你需要熟悉有關參與觀察研究之文獻。書後所附之參考資料表，將可幫助你找到這些書籍和文章。刊登參與觀察研究結果的期刊包括 Administrative Science Quarterly、American Anthropologist、American Behavioral Scientist、American Journal of

Sociology、Current Anthropology、Human Organization、
Journal of Contemporary Ethnography（原為 Urban Life）、
Qualitative Sociology、Social Problems、Sociological
Quarterly、以及 Symbolic Interaction。

▶ 選擇數篇針對參與觀察研究所進行之例示，專題論文
　或是期刊文章均可。由下列各方面檢視並論述這些研
　究實例：釋義性的理論推衍、對於人類意義及日常生
　活的強調、深入性案例研究的設計、參與者角色、對
　於觀察及其他資料蒐集策略的使用。它們對上述參與
　觀察法的基本特徵，分別作了何種程度之說明？其在
　彼此之間，有何種程度之差異？

▶ 分別選擇一篇例示（a）參與觀察研究；（b）實驗、及
　（c）調查研究之期刊文章或書籍。找出並論述此等方
　法間的相似及相異之處。特定言之，它們在問題形成、
　概念化、檢驗、取樣、蒐集資料的策略及方法、分析、
　以及理論推衍各方面，有何相似或相異之處？

▶ 選擇一或多篇針對參與觀察研究所進行之例示。討論
　這種方法適合，或不適合該目標研究問題或主題的原
　因。是否可以用其他方法對這些主題進行研究？如果
　可以，這些方法又會產生何種差異？

▶ 找出目標研究問題。舉例而言，假設你想了解兒童的
　家庭環境及他們在學校的適應和表現情形間的關係；
　或是工廠作業員的吸毒情形；或是專為懷孕的青少年
　所設置之特殊學校的效用；或是諸如賭博之社會問題；

或者——最好列出你自己的目標研究問題。試論述，參
與觀察法將可如何應用於這個目標問題的研究上。對
於這個目標問題的研究，參與觀察法的優點爲何？缺
點爲何？

2

定義問題的方法

　　本章將討論及說明定義問題的邏輯和方法,同
時,亦將說明及例示概念形成及指標確認的方法。
本章尚由參與觀察法的角度,探討其有效性
(validity)及可靠性(reliability)。在此,我們將
定義問題的方法定位於價值觀、政治性及研究的道
德觀等三方面。

研究的社會文化環境

　　Kuhn(1970)對科學史的經典研究,讓我們得以了解

社會文化及歷史對科學研究的影響（Knorr-Cetina & Mulkay,
1983）。因為其特殊的課題，這種關係對人文科學而言，
也具有相同的重要性。在強調人文研究需要一種獨特方法
的同時（一種使研究者與日常生活環境中的人們，直接進
行接觸的方法），參與觀察法重新將價值觀、政治性、以
及道德觀這三方面，看作是影響研究的重要因素。在決定
進行參與觀察研究時，須考慮這些問題。

價值觀及政治性

所有科學的目標，都是要獲得真實而客觀的發現。偏
見、成見以及個人（或稱主觀）意見，在在對事實（以及
客觀性）產生嚴重的威脅。科學方法一直被當作是對抗價
值觀及政治性意見的守護者。由於人文科學和物質科學不
同，必須面對主觀、或是帶有強烈價值意味的現象，因此，
這種不涉及價值觀的研究便顯得特別重要。儘管人文科學
從未完全達成這個理想，它仍普遍被認為是項極具價值的
目標。

參與觀察法的目標，同樣也是獲得真實而客觀的發現。
然而，參與觀察法並不認為，我們可以經由任何絕對的理
性，或者，僅遵循適當之方法，便取得真實的發現。同時，
它也不認為有達成完全不涉及價值觀的可能性，甚至不相
信有完全不涉及價值觀的理想狀態存在（Johnson, 1975;
Douglas, 1976; Adler & Adler, 1987）。科學研究必定涉及價
值觀，而且，通常也帶有政治性。因此，「真實」便成為

一道經常性的難題。我們必須明確討論科學家用來獲得「真實」，卻又不提供絕對保證的實際流程及方法。

只有經由學者們的討論，我們才可以真正決定參與觀察法（或科學）所應致力的，但這也不是具有絕對性的決定。儘管我們可能都大體同意某些價值觀——如自由或公正。但是，將這些原則實際應用至特定案例的方式卻常常仍是問題重重，需要再作進一步討論。在進行參與觀察時，研究者必須考慮其所涉及的價值觀——包括研究者本身的價值觀及其他參與者的價值觀，也必須考慮這些價值觀對於真實性發現的意義。在研究進行的每一個階段，從問題的概念化階段，一直到最後發現研究報告的階段，研究者都必須經常考慮這些問題。

個人的主觀興趣或價值觀與追求真實的科學目標間，並不一定會有衝突（Psathas, 1973; Rabinow, 1977; Hunt, 1984; Drieger, 1985）。個人興趣有相當大的潛能，可以從我們對研究主題的情緒性或智能性認同，引發新的觀點及創造力（Johnson, 1975, 1977）。興趣可能會是讓參與觀察者在數個月，甚至數年的辛苦研究之後，依舊能夠持續下去的原因。參與觀察法並不否定個人的興趣及價值觀。相反的，它要求研究者去了解這些想法及感覺如何影響研究。根據研究者就個人興趣及價值觀所提出的報告，其他人便可以進一步評估這些價值觀對於研究發現的影響程度。

Ferraro（1981）對於毆妻行為的興趣，來自她本身的受毆經驗。她對受虐婦女及庇護行動所的參與觀察研究，結合了自傳、介入此一社會問題的努力、以及社會學研究。

沒有任何跡象顯示，這項研究的客觀性受到這些興趣結合的影響。相反的，Ferraro 的受毆經驗，讓她可以迅速地取得受虐婦女的信賴。

參與觀察法並不贊同一般人對於主觀性及客觀性的概念，也不同意一般人認為這兩者截然不同的意見。進入日常生活的主觀現實――一個由參與者來體驗及定義的世界――對精確而真實的發現而言是必須的。客觀，也就是被我們定義為真實的部分，絕對無法在不和參與者的世界取得協議的情況下達成。通往真實最直接的途徑，便是讓研究者親身體驗目標研究現象――也就是「成為目標研究現象」（Mehan & Wood, 1975; Douglas & Johnson, 1977; Adler & Adler, 1987）。其他較不直接，但也相當恰當的策略，包括直接觀察，以及其他從人們身上蒐集資料的方法，如訪談，也可以讓我們了解研究目標，也就是這些人的日常生活。

道德

對於和人類相關的學術研究所產生的道德問題，文獻中已經有非常多的討論，部分甚至直接討論到參與觀察研究的道德問題（Alder, Alder & Rochford, 1986; Klockars & O'Connor, 1979; Bulmer, 1982; Cassell & Wax, 1980）。研究道德的重點在於人類生命的價值及個體的權利。科學家同意，人類不當因為研究而受到生理傷害。各式研究領域中的道德規範便是根據這個基礎來設計的。除了不讓研究對象受到生理傷害之外，這些道德規範通常也禁止研究者侵犯人類的隱私權、機密性、以及不被利用之自由。

　　大體上，參與觀察者並不反對這些原則。但是，對於這些原則在特定情境下的應用方式，他們卻提出不同的爭論。他們聲稱，參與觀察研究和實驗生理學或醫學不同，並沒有人類對象。換句話說，和參與觀察者進行互動的人完全不像實驗研究中的實驗對象或調查研究中的問卷回覆者。參與觀察者在日常生活的一般情境下和人們進行互動，就和任何一位參與者相同。參與觀察者對於研究儘管各有不同的興趣，這些興趣卻都和人們對於互動關係的某些特殊興趣相似。因此，對於研究過程中所遇到的人，參與觀察者所背負的道德義務，就和他們在日常生活中的道德義務完全相同。這並不是說，研究者可以完全不為自己的行為負責，因為這些行為仍然可能影響他人。但是，研究者卻不一定得將自己的研究意圖告知研究對象，甚至不一定得幫助研究對象避開可能發生的有害結果。舉例來說，Taylor（1987）在觀察智能障礙病患的受虐情形時，便碰到進退兩難的情形。如果去檢舉這些虐待行為，不但可能傷害到施虐者，因而造成研究的終止，同時，對於那些病患可能也只有很少的幫助。

　　如果參與觀察者必須經常宣告自己的研究目的，有關犯罪及偏差行為的研究將會變得非常困難——如果它還沒有到完全不可能進行的地步。究竟有那些人、那些利益是應該受到保護的？我們是不是應該讓某些人停止他們的行為（像是吸毒者和妓女）？參與觀察者是否應該保護那些銷售非法物品，或是從事犯罪行爲的罪犯呢？我們是不是應該保護人們自己的信仰（像是基督教基本教義派或是神祕主義）？

只有在遠離日常生活的環境中，像是教科書裡，我們才可能輕易地作出這些決定及選擇。參與觀察者非常重視道德。但是，他們將道德標準視爲必須運用在特殊情況下的準則。對真實而言，沒有任何方式可以絕對保證道德性研究的執行。和價值觀及政治性相似，研究的道德觀也是參與觀察者在定義研究問題、進入日常生活情境、參與、互動、以及和其他人們建立關係時的重要考慮因素。

開始進行

參與觀察法的獨特優點，便是在田野中，使用觀察和經驗去釐清並定義將來所要研究的問題。在對於可能的目標主題及議題具有概略認知的同時，參與觀察者便會根據取自田野環境的資料，定義出所欲研究的問題。研究的確切主題是參考參與者在日常生活中的行爲和言語而定義。參與觀察法要求研究者學習參與者的生活方式，體驗、定義、並讓它對自己產生意義。儘管，文獻的閱讀是一件相當重要的工作，但是，在爲參與觀察研究定義問題的過程中，它只是一個非常渺小的部分而已。在研究的問題產生變化並受到重新定義的時候，我們通常必須重複參考相關文獻。

從問題到環境

參與觀察研究可以根據田野研究前所確認的問題進行。在進入田野之前，對於將要研究的主題、其中所涉及的爭議、以及問題點，你可以先有一個大略的概念。這個問題可能衍生自個人興趣、學術觀點（或許和某些認知或理論的概念相關）、某個在其他研究中發現的主題、或是某個在他人眼中具有問題性的事物（如政府官員、政策決定者、改革者或行政人員的眼中）。在帶著對於問題點的大略概念進入田野環境時，最重要的便是對所有可能的發現保持開放的態度，包括發現自己最初的概念並不適當，或者完全錯誤之可能性。

參與觀察法特別適合目標在於運用認知的研究。舉例而言，Hughes（1977）想要為海洛英的吸食者建立一套治療計畫。他推斷，進一步認識這些吸毒者的日常生活，或許可以讓他取得更多有用的資訊，設計出有效的治療計畫。他組織了一個研究小組。他們利用參與觀察法研究這個廣泛的主題，之後發展出特定的問題。利用參與觀察法由街頭吸毒者的日常生活蒐集來的資料，確實有助於發展出一套能在社區環境中有效影響吸毒者的策略（Hughes, 1977）。

在許多應用性的研究中，如評估研究，研究者通常都會拿到某些概略性的問題，或是一組不同的主題，然後，必須提出一套較為具體的研究計畫，包括具體的問題和假設。例如，Hebert（1986）負責評估兩套有關語言及文化的革新教育課程。已知概略的研究問題：其中一項研究是要評估課程的衝擊和影響；而另一項研究的重點則在於評估需求。Hebert 利用參與觀察法，克服了特定的研究問題及項目，並且，蒐集到適當的評估資料。這項研究強調了參與觀察法的價值，包括提供適當的策略，以定義及重新定義研究問題、和不同的組成族群協商這些研究項目、並蒐集資料。Hebert 也成功地使用參與觀察法作為基礎，面對這些課程的政治性及不同的利益團體、並針對這些課程所涉及的問題進行概略性的教育。同樣，Woods（1985）也曾主張，參與觀察法可用於訓練教師。讓教師同時以觀察者和參與者的方式思考，可以促成一套有助於理解教育的省思過程。

在從概略性的研究問題進入到由田野研究參與所定義的具體問題項目時，研究者或許會發現，最初的問題並不恰當（也就是說，對於日常生活的現實情境而言，最初的問題並不合理）。或者，研究者也可能發現，許多需要進行研究的重要議題，一開始並沒有被考慮進來。舉例來說，我在 1979 年開始研究「特殊認知的主張」。在一般性理論觀點的引領之下（交互影響論、民族方法論），我計畫找出一些邊緣宗教族群，研究人們在塑造自己擁有某些特殊認知的印象時（如靈魂溝通、預言、占卜等）所用的交互影響過程。在尋找適當研究環境的過程中，我發現，部分基於現實因素，我必須進一步了解這些活動者的位置，以及他們的活動受到組織（或未受到組織）之方式。儘管完

全未經計畫,最後,我還是在回歸到最初的研究問題前
(Jorgensen, 1984),先對這些議題作了徹底的研究
(Jorgensen, 1979, 1982, 1983; Jorgensen & Jorgensen,
1982)。

從環境到問題

　　參與觀察研究並不一定要從問題的定義,一路進行到
適當的田野研究環境中。人們常會由日常生活的參與行為
中,發展出學術興趣和研究問題。同樣,參與觀察者對田
野研究環境的選擇,至少有一部分會受到先前參與行為的
影響。例如,Adler(1981)曾擔任大學籃球隊的助理教練。
後來,他便決定進行參與觀察,作為其對運動量之研究計
畫中的一部分。Rambo(1987)曾是一位脫衣舞孃——這是
她用來賺取大學學費的工作。後來,她便用這樣的經驗作
為正式研究的基礎,包括後續的參與觀察研究。Hayano
(1982)在將職業撲克比賽定義為研究問題之前,便已成
為一位撲克玩家。Kotarba(1977, 1980, 1983)多年來一直
都有背部的毛病。他嘗試了針灸治療,並在之後利用自己
的經驗,完成了一篇研究報告。最後,他的日常生活經驗,
成就了對於慢性疼痛及保健執業人員的廣泛參與觀察研
究。

　　以研究環境作為起點,研究者必須定義並分析環境中
的目標主題發現及其進一步的研究。舉例來說,Alder(1985)
曾是一位社會學研究所的學生,對偏差行為的研究很感興

趣。但是，她並未著手尋找販毒的實際情境進行研究。在類似純粹的偶然的情形下，她注意到一位鄰居的行為，同時，正確地將這些行為線索解釋為販毒行為（根據她先前的個人及學術經驗）。她和一位教授談到這位毒販。教授鼓勵她將這個意外出現的關係，轉變成學術研究上的優勢。

Adler（以及她的先生）和這位毒販成為朋友。這也讓她間接認識了許多他的朋友，其中很多人也曾參與過販毒的情境。在 Adler 和這些曾參與販毒情境的人之間日益深入的交往，造成了越來越多的參與行為。同時，直接的個人式交往，也讓她找到最初的可能性目標問題。這些問題並不是以假設的方式形成。相反的，這些問題的出現，是由她和研究環境間的參與者互動，再加上她和丈夫、教授、以及其他學者對於觀察現象的討論而來。研究問題和主題的明確推衍過程，是根據田野觀察及討論的筆記和記錄進行。她開始質疑，例如，有那些人參與販毒情境、這些人對於販毒行為的涉入程度、販毒情境組織的方式等等。

在尋求這些問題的答案時，Adler 又發展出另一套更為龐大的問題組。最後，全部的研究過程會產生一套過分擴張的目標問題，通常，遠超出研究所能回答的範圍。因此，我們便必須決定，那些是我們要追尋的主題、那些該暫時放在一旁、那些又該完全放棄。同時也要明瞭，因為缺乏部分的認知，我們可能會漏掉其他應該進行研究的主題。這些決定的進行鮮少有絕對規則。雖然，參與觀察者應該要有一些優秀的理論根據，好將研究的重點放在其中一組主題上，並放棄其他的可能性——換句話說，針對其他專業人員對研究問題和主題的質疑，你應該要能提出解釋——
——但到最後，這些決定仍可能會顯得有些獨斷。

持續性之定義過程

　　參與觀察法的研究問題，是一連串針對研究主題之彈性、開放、持續不斷的辨識、澄清、妥協、修飾及延伸過程的產物。早期的研究工作應該要專注於進入適當的觀察情境、蒐集資料、甚至是分析結果。對研究問題保持開放的態度，並不是你可以簡陋定義問題的藉口。對於所要研究的現象，你應該要有一個粗略的概念。同時，至少對於可能產生的研究結果，你也應該要有一個粗略的想法。對研究問題保持開放的態度會產生更多的困難及責任。這是在以假設的形式呈現問題時所不曾出現的。

　　你的問題陳述應該要夠廣，以包含中心主題及設想關係。但是，它的範圍又要夠窄，以作為資料蒐集的依據。你必須小心，注意問題是否有足夠的集中性和定義，以在金錢、時間及其他資源有限的情形下，進行可以負擔的研究。你也要注意問題本身的性質，如適當研究環境的可接受性。最初的問題陳述若是能夠以需要說明的問題方式形成，將會非常有用。

　　其中一個真正的危險便是，當你被研究的環境淹沒，受到其中訊息的強力影響，你會發現，自己越來越難退一步思考，針對研究目標發展出有利的觀點。如果發生這種情形，你便會毫無目標或方向地耗費許多珍貴的觀察精力，最後，產生挫折感、興趣缺缺、迷惑，同時，在某些情形下，讓一個可能相當重要的研究夭折。

在觀察了一段合理的短暫期間之後，你便應該重新評估研究問題。它們是否產生了相關的觀察材料？它們和參與者的觀點是否相關？是否有其他的問題，在觀察的過程中浮現？假如你無法對這些問題提供明確的肯定答案，你就很可能得要重新推衍研究問題。相反的，假如最初的研究問題產生了正面的研究結果——甚至，假如這些結果都和預期不相同——你的研究便正朝向一個有利的方向前進，而你也很可能會發現各種可能沒有考慮到的指引。

經由適當的推衍而產生的問題，可以帶來非常豐富的資料。這些資料會讓你明白，我們不可能對所有的潛在目標主題進行研究。在研究初期，我們或許可以在不造成時間精力之不合理損失的情況下，因應意料之外的發現，完全轉換研究的方向和重點。同時，在進行研究的過程中，我們也很可能得不斷重複這套基本流程。的確，儘管定義的過程有時會產生可以辨識的終點（也就是中心目標已經大量達成的情形），它也可能無法產生帶有明確標記的終點。而你會發現，研究可能得無限期的進行。發生這種情形時，你便必須作出一個相對而言相當獨斷的決定，結束計畫中田野觀察的部分。如能找出你已經或尚未適當評估的問題，將會對這個決定產生極大的助益。簡言之，為參與觀察進行問題的定義是一套複雜的過程，在這個過程之中，你將一面參與田野研究背景，蒐集資料，一面針對所要研究之議題，進行定義及延伸的工作。

形成概念並明訂指標

　　當所要研究的主題變得更為明確時，我們便要找出其中重要的概念，進行進一步的研究，同時明訂這些概念表現的方式。由參與觀察所獲得的資料，一般都是以非常詳細的屬性（qualitative）定義及描述的形式存在。其以現象學的方式，定義基本概念：這也就是說，根據這些想法及行為在特定情境下對於人類的意義來描述定義。同樣，重要概念的指標也包括在田野環境中，搜尋重要概念及想法的意義、相關性及連結（Bruyn, 1966）。在根據參與者的觀點形成概念的過程中，參與觀察者會為某個想法的意義尋找多重指標，包括這個想法的使用方式（Glazer & Strauss, 1976）。

　　參與觀察者很少以操作的方式定義概念、以屬量的方式檢驗概念、或是以統計的方式分析資料。操作性定義對所將獲得的發現有先入為主的偏見。這些偏見遮蔽了參與者所表達的意義，因此造成嚴重的誤解（Agar, 1986）。屬量檢驗則很可能會扭曲日常生活的現實（除非所有的意義都是由參與者的屬性描述觀之）。就算是在參與觀察法適用操作性定義及屬性檢驗的範疇中，這些方式通常也只在研究者已對參與者的世界相當熟悉時，或者，在作爲補充性的研究策略時，才會被使用。

參與觀察研究的中心目標之一，便是以參與者的觀點定義重要概念。人類學家已發展出一套正式流程以辨識民族概念的意義，至少可以用來辨識人們在將日常生活的經驗，以具有意義的方式，經由符號傳遞，並與他人溝通時，所用的語言表現。對文化、次文化、或是生活方式進行描述的第一步，便是將該文化的成員所使用的重要文字，作成一份清單。下一步，再請成員們描述這些文字的使用方式，或者，直接觀察這些符號的使用方式，以分析特定文字。我們通常需要進一步觀察及詢問此一語言領域所包含的事物，同時，分別記錄與探詢的目標符號或文字相似及不同的事物。

舉例而言，Spradley（1970）曾對都市流浪者的社會（或稱次文化）感到興趣。非參與者常會爲這些人貼上一些標籤，像是受到遺棄、酒鬼、居無定所。對保健工作者而言，他們是酗酒者。從法律的觀點來看，他們是醉鬼和遊民。對社會科學家而言，他們是無家可歸的人。然而，這些人卻使用「流浪者」這個字眼形容自己，同時，爲自己劃出相當重要的區分。例如，一個「流浪者」，可以是睡鋪蓋的流浪者、露宿的流浪者、住在廢輪胎區的流浪者、收容所的流浪者、睡在貨車上的流浪者。還有其他種類的流浪者，像是飛行任務流浪者，其中包括垂直空降者及專業之垂直空降者；以及流浪工作者，包括流浪建築工、流浪船工、流浪礦工、以及流浪農工。

Spradley 從這些人用來辨識並描述自己的標記開始，將研究重心放在參與者觀點下的生活方式。田野觀察提供了相關的概念。除了他們對於社會定位的想法之外，Spradley 也對他們的日常生活行為進行觀察，特別是他們和法律系統的接觸情形。他將觀察重點放在都市流浪者遇上警察，最後被送進監獄的過程，也就是參與者稱為「造桶子」（making the bucket）的過程。這種生活方式涉及許多與「服刑」相關的複雜意義。Spradley 提出一系列非正式的先行問題，探詢都市流浪者的生活方式。經由參與觀察，這些問題獲得了進一步的定義及修飾，產生更為具體的後續問題。因此，他可以辨識出特定的概念及過程，作為這種生活方式的一部分。然後，再進一步由參與者的觀點，發掘這些概念的意義，同時，找出這些概念和流浪者的日常生活及文化間的關係。

有效性及可靠性

概念的形成，產生了有效性及可靠性的重要議題（Becker, 1969; Glazer & Strauss, 1967; Wiseman, 1970; Douglas, 1976; Kirk & Miller, 1986）。在以名義定義概念（也就是以單一領域，或是其最明顯的特徵進行定義），並對這些概念真正反映其在日常生活中的意義及用途之程度進行檢驗及測試時，這些議題都是相當重要的。但是，它們卻很少造成參與觀察研究的困擾。因為，參與觀察法在定義概念的過程中，已經將概念在日常生活中的意義，以及它在日常生活中的使用方式，視爲第一優先。換句話說，參與觀察可以產生高度有效的概念。

就參與觀察而言，和概念有效性相關的問題則在於研究者是否能夠直接進入參與者的意義及行爲世界（Alder & Alder, 1987）。同時，在參與觀察研究中，研究者還必須蒐集重要概念的多重指標（或證據形式）。對於參與者在基本概念意義上的衝突及意見不一進行描述，或以其他方式記錄參與者間的差異，是一份相當重要的工作。在和參與者進行互動時，概念在田野環境中的真正使用情形，便可以爲概念的有效性提供有力的測試。概念的成功使用可以強烈暗示，你已經作了正確的描述。相反的，如果參與者反對你使用這些概念的方式，你的描述便可能有誤差（Altheide, 1976）。

有時，參與觀察研究的可靠性會受到質疑。就一般的定義而言，可靠性是指重複使用一套流程後，特別是檢驗流程，產生相同結果的比例。如果沒有一致性的結果，人們便會嚴重質疑任何流程或方法的科學價值。對於參與觀察這類強調概念有效性的方法，一般都認爲會有可靠性相對降低的情形。在整套流程簡單、一成不變、高度標準化時，如大部分的屬量檢驗法，我們較可能獲得一致的結果——雖然，這很可能會造成概念有效性的部分犧牲，特別是在概念相當複雜，很難用標準工具進行精確檢驗之時。

原則上，對於參與觀察研究中所使用的方法，我們都可以預期它產生一致性的相同發現。但是，這些方法多半只適用特定的環境和問題。因此，在實際情形中，我們很難用一般重複使用技術的方法建立可靠性（像是在測試諸如檢驗之方法的可靠性時所用的標準試驗）。由於參與觀察極少涉及檢驗，一般對於可靠性的解釋並不特別適用。

但是，參與觀察法卻非常注重可靠（dependable）及可信（truthworthy）的發現。以這種方式來看，可靠性和有效性間的關係，便變得非常密切。參與觀察的有效性及可靠性，可以由許多方式進行檢驗（Wiseman, 1970）。

____ 如前所述，參與觀察者很少根據單一形式的證據作出結論。在概念形成之後，便以多種方法和證據，如直接的體驗及觀察、不同形式的訪談、不同的資訊提供者、物品和文件，進行檢驗。

____ 研究者使用的方法是否直接進入參與者世界，涉入的程度如何等等，都是相當重要的問題。如果進入或涉入的程度不深，研究的發現便可能較不可靠，或可能無效。

____ 參與觀察法以超越大部分科學方法的嚴格標準，要求研究者詳盡描述並討論其蒐集資料的方法。因此，研究者便有責任，為讀者討論其所用之方法和其所獲得之結果間的關係，包括這些方法的優點及限制。

____研究方法在經過明確、詳盡的討論後，便可以再進一步接受之公眾的審核及覆查。換句話說，這些研究方法可以從每一個閱讀最終研究報告者的經驗和判斷中，獲得討論和測試。

____ 重要概念可以由日常生活中真正的使用情形進行測

試。很難想像有其他比日常生活之使用更爲嚴苛的試驗，可以用來測試概念的正確性及可靠性。

___ 儘管在實際上相當困難，就原則而言，並沒有任何理由，認爲參與觀察法不能被獨立的重複研究檢驗。

簡言之，有效性及可靠性是密切相關的兩項議題，但對參與觀察法而言，這些議題另有它們特有的性質。和強調名義上之定義和檢驗的方法不同，參與觀察法強調真正的定義及關鍵概念的多重指標。可靠和可信的結果，是其關注的基本點。而參與觀察法也提供了許多策略，檢驗研究發現的有效性及可靠性。

摘要

參與觀察法的特徵，是一套參考人類日常生活進行之彈性、開放的問題定義策略。你可以由一個概略的問題開始，再經由適當研究環境中的參與觀察，對問題作進一步的定義。或者，你也可以從人類研究環境開始，再經由參與觀察，發展出研究問題。在任何一種情形下，研究的問題都是以需要說明的問題形式進行陳述，再經由資料的蒐集作進一步的修飾、延伸和集中。概念是從人類用以說明存在的意義衍生而來。換言之，概念是以現象學的角度定義。經此生成的概念，分別由人類在現實情境中的言語及行為進行表現。參與觀察可以產生高度有效的概念。由於參與觀察研究通常不涉及檢驗，一般所定義的可靠性並不在它所討論的範圍中。但是，參與觀察卻相當注重由可靠而可信之發現所表達的可靠性。

　　參與觀察法知道，科學是由人類社會裡具有價值評斷及高度政治性的環境中產生。和所有的科學相同，它的目標是獲得正確而真實的發現。然而，和其他的方法不同，參與觀察並不同意，科學家可以或應該完全不涉及價值觀，或者，科學家可以或應該避免主觀及私人性地涉入研究現象。藉著經常注意自己對於人類生活的個人及職業興趣，同時，釐清用以產生事實性資料的真正方法，參與觀察者直接而公開地面對真實性結果的課題。同樣的，參與觀察法也經常要求研究者注意被研究者的權利，同時，注意研究對於這些人和這些人的生活方式所產生的影響。換句話說，研究的道德是參與觀察者無時無刻關注的重點。

練習

▶　簡要找出並陳述一個可能的參與觀察研究問題。指出這個問題的來源，或者，你得到這個問題的方式。這個問題是如何受到（a）個人或自傳性因素；（b）既存的理論或研究；（c）社會問題；或（d）其他可能因素的影響？試討論，你的興趣如何對參與觀察研究造成限制或助益？這個研究會造成什麼樣的道德考量？你要如何處理道德問題？

▶ 選擇一項研究，例示參與觀察定義問題的方式。同時，選擇另一項研究，例示對於假設所進行的試驗。對這些形成問題、概念化、以及檢驗的方法進行比較。為何這些方法適用於其所研究的問題？其又是以何種方式適用於其所研究的問題？

▶ 找出一些需要由參與觀察進一步澄清、延伸以及定義的主題。試討論，你可能會使用何種方法來對這些主題進行更為精確的界定及定義，以使其成為研究問題？在進行這項工作時，你預期會產生那些困難？你會如何處理這些困難？

▶ 由文獻中選擇數篇參與觀察研究的實例。這些研究在那些方面產生有效性及可靠性的問題？這些問題如何獲得處理？試討論，為何這些有效性及可靠性的處理是為適當或不適當者？其又是如何而為適當或不適當者？

3

進入研究環境

　　本章將討論及說明參與觀察法如何進入人類環境。其亦述及日常生活環境的特徵，包括其政治性。對於選擇及進入適當環境的策略，本章也將提供詳細的討論及例示，同時，論述在研究環境中進行選擇性或理解性觀察的程序。

選擇研究環境

　　研究環境的選擇和研究的問題具有高度相關性。藉著參考研究環境來定義並申論研究問題的過程，研究問題和環境間的關係獲得了有計畫性及系統性的平衡。儘管研究問題極易受到改變，研究者卻必須謙遜地參與日常生活。環境並不會改變。因此，我們必須仔細考慮選擇某一特定環境進行研究的意義。

由一般性的問題到選擇適當環境的過程中，我們必須評估預設的環境對目標研究主題可能產生的限制或助益。常識通常可以作為這些決定的有力基礎。或許，我們都清楚地知道，對於像是教會學校、吸毒或是青少年懷孕等研究問題，只有少部分有限的適當環境。對於環境的了解越深，我們就越容易決定，這個環境是否可能用來進行目標主題的研究。部分因為這個原因，參與觀察者通常都會先對數個可能的環境進行非正式的研究，以決定這個環境是否適合目標研究問題。我自己便曾在決定最終的研究環境之前，分別先在幾個不同的城市中對神祕主義作觀察與參與。Peshkin（1986）也曾經觀察過數個基督教基本教義派的教會學校。在他找到最後的研究環境之前，許多對象環境都拒絕了他的研究性參與。

如上所述，對於某個環境進行參與的決定，有時是根據機會和便利性而定。的確，研究者可能在正式決定於環境中進行研究前，便已經是參與者了。舉例而言，Molstad（1986）在將乏味的工作當作學術研究的主題之前，便曾在啤酒裝瓶業中，工作過一段相當長的時間。而在作出決定之時，你依舊需要考慮這個環境對於目標研究主題可能產生的限制或助益。當然，這項評估可能直接將你導入定義研究問題的過程之中。然而，你也可能會決定，儘管某個環境具有絕對的便利性和研究機會，它仍然不夠有趣，或者，它仍然不適於進行研究。

另外，為參與觀察選擇研究環境的決定，全視下列條件而定：（1）研究者是否得以進入該環境；（2）研究者可能假設的參與者角色範疇，及（3）此一（或此等）參與者角色是否可提供足夠的途徑，以使研究者進入目標現象中。在這裡，和前面相同，對於可能性環境的了解越深，越容易作出有效的抉擇。而最後，這些決定仍然需要研究者在現實情境中的行動。例如，除非你真正著手嘗試，你永遠無法知道自己是否能夠獲得在某個環境中進行觀察的許可。

就自己的興趣及能力進行考量也是相當重要的一件事。你是否可以在這個環境之中，以足夠的時間，進行參與及有效的觀察，以蒐集所需的資料？你可能會發現，這個環境非常無趣，或者，對個人具有攻擊性。你可能不願意或是不能夠扮演可能的參與者角色。進入環境、參與、建立及維繫與參與者間的關係等等，有時會超出你的能力及資源所能負擔之合理界限。

舉例而言，我在為特殊認知主張的研究選擇研究環境時，原本計畫尋找一個特定的族群——每個人都知道，社會學家以族群作為研究對象。但是我卻發現，對於大部分這類族群的參與行為都是不甚愉快的經驗。對於一位科學家而言，這些信念和行為儘管相當有趣，卻很難獲得嚴肅的看待，特別是在和這些族群的成員進行長期的親密互動時。我開始懷疑，自己是否可能依照原本的計畫進行這項研究。幸運地，我藉著一連串角色的扮演（追尋者、客戶、塔羅牌預言者），解決了這項難題。這些角色的扮演，讓我得以直接接觸神祕主義——最後，成為一個完全的參與者——同時，也讓我不需持續參與某個特定文化族群。儘管這完全不在計畫中，但是，這種針對田野研究情境進行的調整，的確有助於對較大的現象（神祕主義者的網路）進行更為詳盡的研究。這些將遠超出對單一族群進行研究所能獲得的成果。

研究環境的特徵

　　田野環境的進入途徑，取決於這些人類舞台的特徵。一個田野研究環境，在公眾的觀點中，可能是可見或不可見的。而對於圈外人，它也可能是較為開放或較為封閉的。這些人類環境的特徵，也可以是環境中特定情境的特徵。換句話說，某些情境可能對於幾乎任何人都抱持開放的態度，而某些情境則可能對於任何人都抱持封閉的態度。同樣的，一個環境中的某些情境，可能是幾乎任何人都可以輕易得見的，而其他的情境，則可能是除了少數的人之外，大部分的人都無法得見的。這些田野環境的特徵，有各種程度上的差異，而且，也會以各種不同的組合形式出現。

從可見到不可見

人類生命各種特定範疇的可見性，取決於你所在的位置，也取決於你先前的知識及經驗。當某個環境的資訊是大眾都可以取得時，這個環境便是可見的。舉例而言，Wright（1978）便發現，我們可以輕易地參與及觀察經過計畫的示威運動。但是，若要參與未經計畫的群眾行動，像是暴動，便會遇上較多的困難，儘管這些現象也都是完全公開的。可見的環境，像是大學、醫院、心理健康診所、教堂，通常都會列在電話簿上。某些環境是可見的，但是卻比較無法進行觀察。Unruh（1983）曾說到，老人的生活通常都是不可見的。毒販、吸毒者、應召女郎、幫派分子、飆車族、同性戀者、前衛人士和神祕主義者等也都可能會是可見的，假如你知道該到那裡去看（Ponse, 1976; Warren, 1974）。

儘管這些環境的資訊通常不會列在電話簿上，在大部分的美國城市中，它們卻是相當公開的。我們或許可以從和警察、計程車司機、或是飯店員工等等的談話中，得知毒品、應召女郎、同性戀酒吧等的所在位置（Delph, 1978; Milner & Milner, 1972）。幫派分子的資料可以從警察及學校方面取得。警察和機車業者通常都有機車俱樂部的資料。前衛人士和神祕主義者的位置，則或許可以經由情趣用品或神祕主義的相關書籍和專門商店取得。

某些人類環境，以圈外人的觀點而言，幾乎是完全不可見的。這些環境都藏匿於圈外人的可見範圍之外。這些環境甚至可能是受到圈內人保護的祕密（Bellman, 1984）。舉例而言，飆車騎士、幫派分子、毒販以及前衛人士和神祕主義者的活動，除了少數可信賴的成員之外，可能都會小心地藏匿於所有人的可見範圍之外。當然，祕密活動和祕密族群也同樣存在於一些較受尊敬的社會族群中。例如，幾乎在每一個複雜的組織中，都會有某些派系活動，是不讓非成員知道的。在對這些人類情境較為可見的部分沒有任何先前經驗的情形下，找到這些環境的位置將是一件極度困難的工作。但是你或許可以先取得一位願意和你談論之圈內人的信賴和信心，再慢慢取得這些認知。

從開放到封閉

　　假如進入某個人類環境的過程只需要極少的協商，這個人類環境便是較為開放的。假如進入某個人類環境的過程需要相當份量的協商，這個人類環境便是較為封閉的。某些環境，對於公開性的研究接觸幾乎是完全封閉的。因此，研究者若不是必須放棄研究，便是必須尋找隱密性接觸的方法。環境對於參與觀察的開放或封閉態度，和這個環境的可見度只有部分相關。一個具有高度可見度的環境，像是醫院、大學、公司以及其他許多複雜的組織，對於參與觀察並不一定具有開放的態度。同樣地，一個只有部分可為圈外人得見的環境，對於參與觀察也不一定具有封閉的態度。

　　在一些像是公園、海灘、街道以及運動場之類的環境中，人類活動具有高度的可見性，而且，對於任何一位觀察者都抱持開放的態度，只要他對美國文化擁有足夠的了解，知道該到那裡去看。然而，高度可見的公眾環境，通常含有較少的可見性活動。公園和海灘或許掩蔽了某些在其他情況下屬於封閉性的活動，像是性行為。同樣，在其他情況下屬於開放而公開的街道生活，可能也藏有一些非法的活動，像是販毒、性交易和賭博。

Goffman（1959）曾將群體存在以劇場作為比喻，區分出人類環境的「舞台」及「後台」區域。某些環境，像是餐廳，幾乎全都屬於舞台區域；而其他環境，像是非公眾性的浴室或是家中的臥室，則大部分屬於後台區域。然而，大部分的人類環境既不是完全可見而開放的（舞台），也不是完全不可見而封閉的（後台）。相反的，大部分的人類環境都同時含有舞台和後台的部分。

帶著高度的可見性，舞台型的環境通常對任何願意成為參與者的人，都抱持開放的態度。我們只需要購買門票，就可以對開放給觀眾欣賞的體育活動進行觀察。幾乎每個人也都可以觀察刑事審判——假設你知道該到那裡去找到它。這些環境的進入許可，通常都可以用觀眾的角色而取得——這是大部分人都可以輕易取得的角色。然而，這些環境也都有拒絕任何人進入的封閉性後台區域。舉例而言，進入運動員的更衣室便需要特別的許可。同時，也不是每個人都可以受邀進入法官的別室。儘管在許多方面，大公司幾乎對任何人都抱持開放的態度。但是，其中所進行的活動卻絕對不會全部開放給外人進行參與觀察。

政治性

　　大部分的人類環境，就某些程度而言，多少都帶有政治性（Douglas, 1976; Punch, 1986）。換句話說，它們都涉及人類對於權力的運用。而且，在人類環境中，人類都會因為某些和其工作相關的價值性，以及他們所扮演的角色，而受到排名。人類環境通常都是階級性的：不同份量的名望，都因為地位和角色的不同，和人類緊緊相連（Wax, 1979）。權力和名望通常具有相關性：擁有較高名望的人，通常都要比擁有較低名望的人，握有較大的權力。人類環境中的權力和名望，常常都是衝突和分歧的根源，有時甚至會在競爭派系之間造成衝突和分歧（Vidich & Bensman, 1968）。

　　近幾年，性別的政治性及其在田野工作上所造成的影響，一直受到過分的關注（Golde, 1970; Easterday et al., 1977; Warren & Rasmussen, 1977; Pastner, 1982）。在許多情況下，女性的身分都有助於田野工作的進行。特別在這個由男性見解主掌的社會之中，女性的身分可以提供一個和男性不同的觀點（Wax, 1979）。然而，在某些情況下，女性的參與觀察者卻可能遭遇嚴重的障礙（obstacle），像是在對男性掌控的工作、次文化或文化進行研究時（Hunt, 1984; Horowitz, 1983）。男性的參與觀察者在進行參與時，一般會有較少的障礙，視環境和情況各有不同。但是，男性的參與觀察者卻要對自己的性別角色在某些特定的環境和情況中，對觀察的結果所造成的限制（以及助益），擁有更完全的認知（Warren & Rasmussen, 1977）。

假如忽視了人類環境的政治性，同時，也沒有作出適當的反應，參與觀察者可能會遇上嚴重的困難（Whyte, 1984）。在極端衝突的情況中，我們通常無法和所有的競爭派系維持友善的關係（Bromley & Shupe, 1979; Kornblum, 1974; Jacobs, 1977; Dalton, 1959, 1964）。同樣，我們通常也無法和類型完全不同的人維持合作關係。在任何長期的基礎上，對環境中任何一個派系或層級活動的參與，很有可能都會妨礙我們對其競爭派系或非平等層級活動的類似性參與。

舉例而言，對於組織的公開性參與，通常都需要尋求（擁有高度名望之）負責人的許可。儘管下屬可能獲得上級的指示，允許你的觀察，但是，我們卻很難不讓他們對你的存在帶有敵意，或者，防止他們使用某些計謀蒙蔽你的觀察。在工廠的環境中，工人們可能會將你假設為管理階層派來監視他們的間諜。因此，你可能必須選擇繼續觀察，或是重新以工人的身分隱密進入組織。

簡言之，人類生活傾向帶有政治性和層級性。人類生活的這些特徵，可能會對目標環境的進入和研究的其他方面造成影響。參與觀察者應該要對人類環境中的政治性及層級性影響保持警覺，也應該要根據這個基礎，準備調整進入和參與的策略。

進入研究環境的策略

　　進入人類環境的基本策略共有兩種。當研究者以開放的方式，尋求觀察的許可時，此即稱爲公開性策略。直接進入研究環境的方式是比較好的，因爲它具有較少的道德問題，較其他的方法容易，同時，在取得進入的許可時，通常也可以提供進入目標現象的適當途徑（Whyte, 1984; Hilbert, 1980）。但是，有些時候，我們無法協調出公開性的進入，也有些時候，這種策略無法提供進入目標現象的適當途徑。另外一種進入研究環境的基本策略——特別是在進入那些對圈外人採取封閉態度的環境時——便是隱密性策略。在這種策略中，研究者是在不將研究的進行告知對象群衆的情況下，尋求某種參與者的角色（Douglas, 1976）。

　　到底該採取公開性或是隱密性的進入策略是一個微妙的決定。假如研究者選擇使用直接的方式尋求進入卻遭到拒絕，之後，他也很可能無法再以隱密的方式進入該環境。因此，研究者必須對目標環境的政治性擁有相當程度的了解，同時，也要嘗試判斷使用公開性的策略成功進入的可能性，才可以作出適當的決定。隱密性的觀察在道德上是具有爭議性的。同時，這樣的方式很可能會讓你在研究目的被發現的時候，便必須中止參與觀察（Bulmer, 1982）。許多研究者也發現，在必須隱藏研究意圖的情況下，他們很難和目標群衆進行互動。

公開性策略（overt strategy）

　　根據研究環境和研究者資源豐富度的不同，許多方法都可以讓我們以公開的方式進入人類環境。最理想的狀況，便是該環境的主管階層和其他對象群眾都歡迎研究者的進入（Warner & Lunt, 1941, 1942; Warner & Srole, 1945）。在大部分情況下，公開性進入途徑的取得，都是先向最高主管機關請求許可，再逐步說服他們，也說服環境中的其他對象群眾，讓他們相信研究者是可以信賴的。

　　在尋求參與和觀察的許可時，研究者應該要向恰當的主管機關（理事會、主席等等），提出一份參與觀察研究的企劃書影本。這份企劃書應該列出研究的基本計畫、基本目標；提供一些好理由讓主管機關相信，許可這項研究的進行對他們本身是有利的；同時，針對任何可能用來作為否決請求的原因，或者，就主管機關對於公開研究發現的憂慮，進行適當的處理。

　　由於可能用來否決請求的原因很難預見，如果可以在提呈正式的企劃書前，先和主管機關非正式地討論這些問題，將會是非常有用的一件事。取得進入許可最有用的策略，便是取得環境中主管機關的信賴及信心。和這類對象間的良好起始關係具有非常高的價值。因為，他們或許會願意，也能夠成為參與觀察者未來在環境中的有力支持者。我應該不需要強調，如果在環境中有越多人支持你的研究，特別是位於主管階級的人，這項研究便越可能在這個環境中成功。

根據研究環境和研究者的不同，我們或許可以利用研究者的名望（一個權威人士、一個科學家等等），及研究主題或目標學科的名望。如果能夠向研究者或該目標學科的權威單位尋求幫助，在環境對象評估問題的過程中，我們顯然比較可能成功。取得一些意見受到主管機關重視的人，或者一些主管機關不得不因為某些純粹政治性的理由（例如，這個支持派系在法律或經濟方面，對於目標環境具有某些程度的控制權）而尊敬其意見之人的支持，將會有所助益。

　　假如進入環境的請求在一開始時遭受拒絕，研究者仍有可能推翻這個否定性的決定。企劃書的少許修正，或許便是取得許可所需要的一切，儘管你可能也必須對原始計畫作出更多的妥協。同樣，在取得進行參與觀察的許可後，這項許可仍可能遭到撤回。誠如下面數章所將進行的討論，相對於需要研究者與田野環境中的對象群眾維持友善關係的過程，研究環境的進入不過是一小步而已。除非能夠維繫進入研究環境的途徑以及和對象群眾的合作關係，參與觀察研究顯然不可能成功。

　　舉例而言，Warner（1959）對於洋基城的進入途徑，是在社區領袖的幫助下取得。Whyte（1955）和 Anderson（1978）分別在重要資訊提供者的幫助之下，進入街角活動和杰力酒吧。同樣，Liebow（1967）對於泰利角圈內世界的進入，便曾受到身為贊助者的重要資訊提供者幫助。

隱密性策略（covert strategy）

對於某些參與觀察者而言，隱密性策略是絕對不道德的，因此，在任何情況之下都無法接受（Bulmer, 1982）。在這個觀點中，隱密性的參與觀察研究涉及對圈內人的欺騙，因為他們並未被告知研究的進行。除了不誠實這一點之外，隱密性策略也違反了認知性同意的基準，因為人們並無法對研究的參與表示同意。因此，隱密性策略並未尊重對象群眾的權利。儘管有這些反對的意見，大部分的參與觀察者都同意，至少在某些情況下，隱密性策略是必須的，例如，在研究偏差行為或罪犯的次文化時。部分的參與觀察者甚至認為，隱密性策略是取得真實資訊的基本要件。在這個觀點中，人類存在本身便充滿衝突、不誠實和自我欺騙。他們聲稱，假如參與觀察者必須隨時宣布他們的研究意圖，大部分有關人類生活的研究都將無法進行，或者，在最好的情況下，也會被限制在人類用來操縱生活及存在印象的公眾面中（Douglas, 1976）。

誠如上一章最後所言，不同於調查法或實驗法，參與觀察法沒有人類「對象」。相反的，人類參與的情境在天然條件下獲得觀察。儘管人類可能是資訊的來源，他們卻未受到任何類似他種研究設計中的操縱或控制。參與觀察者已經小心地尊重了田野觀察對象的尊嚴和匿名性。通常，其亦以服務或報酬來換取資料。在許多情況下，研究者最先都是因為個人的興趣而涉入某些人類情境或環境，並在後來決定正式進行參與觀察研究。除非這些潛在性的研究者可以對其遇到的每一個人提出警告，告訴他們，最後他們可能會成為研究的一部分，我們實在無法避免至少部分的無意性欺瞞。

就算使用公開性策略，也不是每個人都可以得知研究的意圖（以及真正的研究目的）。相反地，就算使用隱密性策略進入環境，可能也有至少一部分的人，會在最後被告知研究目標。因此，在希望以不受注意的方式進入環境的過程中，我們可以大量運用隱密性策略。一旦研究者建立起信任關係，或許就可以將研究的意圖告知對象群眾（Fine, 1987）。

研究者對於和隱藏性或祕密性現象的接觸，像是邊緣宗教族群、偏差行為、犯罪行為等等，一般都感到相當憂慮。但在事實上，對於其他公開舞台型環境後台區域的進入，通常反而更為困難。對於知道該去那裡進行觀察的人和願意成為參與者的人而言，宗教族群、祕密社團、偏差行為、犯罪行為等通常都是可以進入的。當然，進入這些情境的方法，可能得視研究者對隱密性參與及觀察的意願而定。在特定情況下，宗教族群、祕密社團、偏差行為次文化對於圈外人會抱持開放的態度，但這並不意味圈外人一定可以取得進行研究的許可。

對於其他可見及公開現象的接觸，像是工廠或公司，我們或許可以先取得環境中的某個角色，再進行隱密性的之觀察。然而，根據研究問題和環境的不同，我們可能甚至沒有這種選擇。舉例而言，當研究問題是公司董事會的商議情形，一個只有董事會成員可以出席的場合，假如研究者不是董事會的一員，就算使用隱密性策略，他也不太可能取得成功的接觸。隱密性的環境接觸策略受限於研究者所能取得及假設的角色。換句話說，研究者必須在環境中發現並假設某些可以輕易取得的角色。這份工作或許非常簡單，就像假設為潛在參與者或是新加入者一般。它也可能非常複雜，讓研究者必須為了進行研究性的接觸及觀察而學習某個專門的角色。

舉例而言，為了研究教師的教室形象，Clandinin（1985）曾以教室助理的身分進行參與。Broadhead（1983）曾利用與職訓課程學生共同生活的機會，進入他們的私人生活。某個眾議院的團體亦曾讓 Freudenburg（1986）得以就議會文化進行參與觀察研究。

進入研究環境是參與觀察法中最困難，也最吃力的範疇。但是，它也為研究者提供了非常大的創意處理空間。研究環境的成功進入取決於研究者的人際關係、創意及常識性決策。我們可以概略描述出某些在接觸研究環境時必須去作和必須防範的事項。我們也可以提醒大家注意某些可能發生的問題、政治性議題及道德考量。但是，沒有任何一件事可以取代研究者在田野環境中的創意判斷。畢竟，每個田野環境和情境都各有不同的特異性質。舉例來說，Masayuki Hamabata（1986）便曾操縱自己的身分以接觸日本文化。身為第三代的日裔美國人，Masayuki Hamabata 學會了日文。在日本，他先以美國人的身分介紹自己。一旦他的圈外人身分受到接納之後，他便轉換成另一個較傾向日本人的身分，取得圈內人的身分。

理解性及選擇性的觀察

　　研究環境的選擇及環境中觀察情境的選擇，都是和觀察現象有關的決定。我們絕不可能對所有的可能環境，甚至是某個環境中所有令人感興趣的情境進行觀察。便利性、機會、興趣以及研究者的能力，在在都會影響這些決定。同時，這些決定也都應該有理論上的支持。

　　理論取樣（theoretical sampling）（或裁判取樣，judgmental sampling）是一種非機率性的取樣形式，研究者會根據各種限制，像是機會、個人興趣、資源以及最重要的一點，也就是所欲研究的問題，決定觀察對象。和機率取樣相同，研究者必須發展出一套選擇特定研究現象的邏輯。適當的邏輯則根據研究問題的性質各有不同。和機率取樣相同，研究者一般都可以估計出觀察的適當性及研究現象的代表性。但不同於機率取樣，研究者並不能根據某個簡單的統計公式而進行取樣或估計誤差。

　　理論取樣的邏輯或策略，一如先前所言，必須根據研究問題和適於觀察的環境而定。當問題已經在研究者探索環境的過程中獲得定義和延伸時，參與觀察者也必須在這個過程中發展出觀察策略。由於參與觀察一般都始於目標現象的出現，因此，研究者通常都會使用從已知狀況中形成額外案例進行觀察的邏輯。

　　「雪球」（snowball）取樣，和此種邏輯的名稱相同，在目標現象屬於圈外人觀點中曖昧、藏匿、掩蔽的部分時，是特別有用的方式。雪球取樣的基本概念，便是由目標現象的已知狀況中，取得足夠的資料，以辨識及定位後續狀況進行觀察。一如此種邏輯的名稱所建議，觀察現象會在這個過程之中，像雪球一般慢慢變大。許多對於犯罪及偏差行為的研究，都曾使用這種雪球取樣的方式，發展出研究現象組。舉例來說，Miller（1986）便曾在對街頭婦女（包括騙子、妓女和輕度罪犯）的參與觀察研究中，使用雪球取樣的技術。

根據理論基礎選擇研究現象的方法，在 Sudnow（1967）針對死亡之社會意義所作的參與觀察研究中，可以獲得極佳的說明。明確來說，Sudnow 想知道，人們如何確認死亡發生的時間、地點和方式。可能用來觀察這些現象的環境相當有限——醫院、意外現場、安養中心等等。Sudnow 有一些很好的理論因素，讓他選擇醫院作為研究環境。

但是，有各種不同的醫院。而在醫院當中，也有各種不同的地點可能觀察到死亡的發生。以部分隨機的方式，Sudnow 在一開始選擇了一所公立醫院進行觀察。之後，他又加入了一個私立醫院作為研究環境。在第二個研究環境中所作的觀察，讓 Sudnow 得以檢視這些環境類型的差異性，同時，檢查取自公立醫院的資料中可能存在的偏差。在醫院中，Sudnow 最初的觀察是在急診室中進行，一個顯然適於觀察死亡之社會意義的環境。但是，因為死亡也發生在醫院的其他區域，Sudnow 也對手術室和其他死亡發生的位置進行觀察。

和 Hochschild（1983）相似（我們已在上一章中討論

其取樣策略），Sudnow 根據機會、常識以及理論邏輯，選擇出觀察環境及此一環境中的觀察現象。我們並不需要考慮，如果加入了其他的研究環境或觀察情境，Hochschild 或 Sudnow 的發現是否會有不同。假如 Sudnow 只就公立醫院進行研究，他對於死亡之定義方式所進行的描述也不會有所偏差。他在公立醫院和私立醫院中所觀察到的定義過程差異，是程度而非種類上的差異。在這兩個研究環境中，決定和定義死亡的過程在基礎上是相同的。簡言之，參與觀察者是根據專業性的判斷，選擇案例和案例中的狀況進行觀察。

摘 要

本章描述並說明為研究目的而進入人類環境時的原則和策略。觀察對象的選擇取決於研究問題、可能的研究環境和情境、可得之資源（像是時間和金錢）、機會以及個人的興趣。人類環境和各種環境中的情境，在其可為公眾辨識及其可為圈外人接觸的程度上，有極大的差異。各種環境和情境都由可見到不可見、由舞台型到後台型、由開放到封閉不等。大部分人類環境和情境中的政治性，在取得進入途徑的過程中也是必須考慮的因素。進入途徑的取得或許可用公開的方式進行，直接尋求參與及觀察的許可。或者，也可以用隱密的方式進行，在未先尋求許可的情況下，直接扮演參與者的角色並進行觀察。許多環境或許可以用公開的方式進入。但是，也有一些其他的環境，除了使用隱密性的策略之外，別無進入的可能。參與觀察一般都涉及不同程度的公開及隱密性進入／參與行為。參與者角色所確實涉及的部分將在下一章中進行討論。

練習

▶ 由下面所列選出一個主題／問題：青少年懷孕、高中輟學、工作疲乏、組織中的衝突、福利服務。列出你可能就這個選出的主題／問題進行研究之環境。論述特定環境適合或不適合進行研究的方式及原因。在進入這些環境的過程之中，你預期會遇上那些困難？這些問題可以如何獲得解決？

▶ 假設你將要就某個對圈外人完全封閉的環境進行研究（像是某種形式的犯罪行為、偏差行為、祕密性或私密性行為）。你或許可以用何種方式進入這些環境？你預期會遇上那些政治性或道德性的困難？

▶ 你受雇研究高中生的吸毒情形（或者，想像你自己的研究問題）。試就你可能以公開性或隱密性策略取得進入途徑的方式進行論述，並對這些方法進行比較。你是否比較傾向於使用其中的某一種方式？為什麼，或者，為什麼不會？

▶ 從本書的練習中提供的諸等實例之中，選擇一個研究
的環境（或者，提出你自己的研究環境）。試論述，
在選擇研究環境中所觀察到的現象時，有那些因素涉
及在內。換言之，在選擇觀察現象的過程中，你會怎
麼做？述明並辯護你的邏輯。

4

參與日常生活

　　本章將討論參與日常生活環境時的原則及策略。其發展出研究者在目標現象中的相對位置,可能對觀察結果產生限制或助益的概念。其亦描述並例示參與人類環境的不同觀點及形式。

位置及觀點

　　研究者在目標現象中的相對位置決定其所能觀察到的結果。從遠距離所看到的現象,和從近距離所看到的情形有很大的不同。從不同的角度來看————從側面、背面、上面、下面來看——它們也相當不同。你所能觀察到的結果，根據經驗的來源不同——視覺、聽覺、味覺、嗅覺或是各種感覺的結合——也會受到很大的影響。從各種不同的角度取得越多目標現象的資料，你就越不可能產生誤解。

所有的觀察都會受到觀察者的物理位置影響。對人文研究而言，研究者的社會位置（social location）同樣也有高度重要性。人類在社會上的定義，是由其和他人之間的相對位置決定。黑人、中產階級、回教徒、大學教授、重要商界人士之配偶、以及青少年孩子的母親所具有的社會位置，迥異於單身貴族、白人、天主教徒、男性、或是一位具有犯罪記錄，現在正處於失業狀態的工人所具有的社會位置。研究者在社會上的位置，決定其所能觀察到的事物、觀察的特性、以及觀察的機會。一些對非參與者的社會位置而言毫無意義的行為，在由參與者的角度來看時，可能卻有極高的重要性。

每個物理及社會位置，都會為目標現象提供某種觀點（perspective）。並沒有所謂完美或理想的位置或觀點。參與者角色觀點的恰當性，根據目標研究問題而有不同。每種觀點都有一些天生的限制，甚至是偏見。我們無法提供任何絕對的保證來對抗因為有限的見識或經驗而造成的錯誤發現。但是，參與觀察者可以試著了解，參與者的角色如何對觀察產生限制或助益。參與觀察者應該找出不同的角度及觀點，持續地蒐集資訊和證據，以嚴格審視研究發現。

舉例而言，Johnson 曾經描述了一個被醫院人員認為是因遭受虐待而送進醫院的兒童的故事。在醫院人員的經驗觀點中，所有的證據——兒童的生理狀況、父母皆未出現的情形以及其他相關的線索——都指向「虐待兒童」的定義。然而，不久之後，孩子的媽媽到了醫院，而她所提供的故事形成了一個完全不同的觀點。根據媽媽的說法（她是一位專業護士），她的孩子因為對某種常見疾病的抗生素治療產生反應而生了重病。然後便是一連串的痛苦經驗：孩子的醫生試著找出造成這些反應的原因和一個適當的治療計畫；媽媽最後決定，醫生的治療計畫是不恰當的；然後，不顧醫生的反對，她堅持把孩子轉到市立醫院去。

這位母親一開始的缺席情形並非如起先所定義的，是忽略孩子的徵兆。它純粹只是一個在為她其他的孩子安排照應、為生病的孩子安排緊急的空中運輸、再從很遠的地方趕來醫院而造成的結果。她又說，孩子的爸爸很快也會趕到醫院來。在市立醫院，醫生診斷出孩子的症狀是對抗生素的負面反應，而她也開始對治療產生回應。在聽過母親所說的故事後，醫院人員推翻了他們先前的想法，最後判定這些症狀可能都是由醫療過失造成。

這個例子的重點，並不是在於取得「正確的」解釋。我們所取得的證據，常會讓我們難以在互相衝突的觀點間，作出確定的決定。根據他們一開始所擁有的證據和先前經驗，醫院人員從他們的社會位置，取得了一個合理的結論。當然，那位母親的觀點和他們相當不同，因為一個不同的社會位置基礎，也因為她得以接觸醫院人員所無法取得的額外資訊。儘管 Johnson 並沒有取自那位鄉下醫生觀點的直接證據，非直接的證據卻顯示，這位醫生擁有一個完全不同的看法。其他的觀點也有可能存在：因為這個孩子還不滿一歲，對她的想法及感覺進行了解的可能性相當渺茫；Johnson 也沒有提供任何指標，說明這個孩子的兄弟姊妹對這件事情的想法和感覺；他也沒有指出，在眾多的醫院人員之中，特別是在醫生之中，是否至少也有一點點不同的意見；同時，身為一位社會科學家，Johnson 將這個情境看作是一個人類用來定義那些經常模糊不清之生活情境的過程。在將這個情境由大環境中抽出，並且，以一組有關社會位置對觀察者觀點之影響的意義來進行呈現時，我也為這個事件提供了另一個觀點。

簡而言之，不同的社會位置會對學術研究的目標事件提供不同的觀點。和上述實例不同，「正確」觀點的決定通常都相當的困難，甚至無法達成。參與觀察的目標，是盡可能對最多種類的觀點，取得直接的接觸。換句話說，參與觀察的目標，是在知道世界上極少有任何「完美的」證據存在的情形下（甚至是在徹底用盡人類對日常生活所使用的意義之時），仍盡可能地取得最佳的證據。

參與的形象

參與者角色的具體概念可以從完全的圈外人（complete outsider）到完全的圈內人（complete insider）不等。在這兩種極端間，研究者可以分別用不同的程度扮演圈外人或圈內人的角色。研究者所使用的參與者角色，定義出研究者在目標現象中的相對社會位置。這個位置可能位於目標現象之外，也可能位於目標現象之內。研究者所能看到、聽到、觸摸到、嚐到、聞到或感覺到的一切，都取決於參與者角色的涉入程度。

相對於這個觀點，亦有人定義出四種參與者角色（Junker, 1960; Gold, 1958, 1969）：完全觀察者、扮演觀察者的參與者（較偏向觀察者而非參與者）、扮演觀察者的參與者（較偏向參與者而非觀察者）、或完全參與者。因此，參與和觀察便被視為相互競爭，甚至是相互衝突的目標。你的參與行為越多，便越無法進行觀察。反之亦然。這種觀點並不鼓勵完全的參與行為，因為它認為，主觀的涉入會對客觀造成威脅（Gold, 1958, 1969）。

這些被假設存在於觀察和參與間的競爭和衝突，事實上是過分誇大了（Johnson, 1975; Douglas, 1976; Adler & Adler, 1987）。在日常生活中，我們常多少同時扮演多重角色。在某些時候和某些情況下，我們很難一邊進行觀察，一邊將全部的注意力放在參與之中。然而，一個熟練而且有自覺的研究者卻可以在密切和廣泛參與的同時，對周遭的世界進行體驗及觀察。因此，我們的一般經驗，和這個認為在參與的涉入增加時，有效及正確觀察的能力便會喪失的想法，正好背道而馳。

當研究者以直接性、個人性及實存性的方式參與目標對象的日常生活時，正確的（客觀而真實的）發現便較有可能取得。而在研究者因為逐漸狹隘的有利地位，無法理解目標對象概念中與存在相關的意義時，客觀性才會受到影響。當研究者和研究目標間一直保持物理及社會上的疏遠和距離時，產生誤解和非正確觀察的可能性便會增加。參與可以減低不正確觀察的可能性，因為研究者可以經由主觀的涉入，直接經由多重觀點，進入目標對象的思想、行為及感覺世界。Hall（1976）便曾舉出許多案例，說明因為從自身文化有利地位的狹隘觀點去觀看其他文化而造成的大量誤解。例如，為了了解其他文化對於時間具有不同概念的原因，我們必須先熟悉他們對於時間的看法。

圈外人角色

　　人類環境的進入，一般都可以為原本對完全位於環境外的人類觀點而言誨暗不明的事物，提供直接的物理接觸。身為一個存在於情境中的圈外人，參與觀察者取得了較為有利的位置。但是，在大部分情況下，他對環境中所進行的事物仍然並不熟悉。最初的無知是相當侷限的。但是，它也可以作為研究開始時的策略性優勢。作為一個執行觀察行為的圈外人，你可以對情境進行概觀，記錄主要和顯著的特徵、關係、模式、過程及事件。這是相當重要的。因為，圈內人並不會由這樣觀點來觀察他們的世界。而一旦你變得更為熟悉這個環境，最初的新鮮以及陌生感也會消失。Dollard（1937）便曾為了他在南方城鎮體驗種族關係時所喪失的陌生感而覺得可惜。

在研究情境中，獲經許可公開參與的研究者（圈外人）角色是一個常見的角色。因為「研究者」幾乎完全不屬於中立角色，這種形式的參與通常都是突兀的，而且，無可避免地對研究環境有強迫性。然而，它卻提供了進入目標現象的途徑和專注於研究上的自由。同時，公開性的參與角色也是可以輕易扮演的，研究者只需要稍微調整自我概念，而且，這種角色也不太會造成道德問題。對許多學術問題而言，以圈外人的身分進行參與行為是相當恰當的。

舉例而言，Vesperi（1985），一位年輕的人類學家，對於那些貧窮、靠社會福利維生的老年人有相當大的研究興趣。佛羅里達州的 St. Petersburg，一個擁有高比例老年居民的城市，對她而言是一個相當便利的研究地點，因為，她當時正受雇於跨越 Tampa Bay 的大學校區。由於她的年齡，Vesperi 無法成為一位完全的圈內人。部分為了取得一個更佳的觀點，她確實搬到 St. Petersburg 居住，同時，以一個同情老年人日常生活的角色，由訪談和資料提供者的身上蒐集資料。在進行參與行為的同時，Vesperi 扮演了許多不同的角色：一般市民、潛在的朋友、以及人類學研究者。有時候，她以公開的方式進行參與（使用研究者的身分），而其他時候，她的研究者角色則是隱密性的。在觀察那些坐在公園板凳上、在公共場所中活動、或是走在街上的人們，或是和這些人交談的時候，我們並不需要提到自己的研究意圖，除非人們問起（Cottle, 1977）。和許多參與觀察者相似，Vesperi 扮演許多不同的角色，大部分以圈外人和研究者的身分，策略性地研究老年人的日常生活。

Berger（1981）對於北加州鄉村社群的研究，進一步例示了以研究者－圈外人角色所進行的參與觀察。儘管 Berger 是以圈外人的身分進行參與，該社群的成員卻都接受了他的存在，甚至仰賴他的專業素養。這些人對他的重視提高了其他人對他的忍耐程度，包括其他研究者對他的忍耐程度。因此，Berger 得以在使用研究者的身分公開進行參與的同時，和圈內人建立傑出的關係。

Peshkin（1986）在對基督教基本教義派的教會學校進行研究時，也是以研究者／圈外人的身分進行參與。和 Berger 相似，Peshkin 並未成爲圈內人。然而，他卻可以和學校的行政人員建立信賴關係。因爲基本教義派信仰的特質，Peshkin 所建立的信賴關係是相當可觀的。儘管，圈外人－研究者的角色爲 Peshkin 提供了進入圈內人之意義和行爲世界的途徑（特別是學校行政人員的意義和行爲世界），它卻也限制了他進入教師及學生之次世界的機會。學生的觀點另外藉由兩位直接和學生進行訪談的助理而成功取得。

以圈外人身分進行參與的策略也可能造成問題。人們傾向於根據自己對「研究者」的主觀概念而對你作出反應。例如，Peshkin（1986）在進入教師觀點的過程之中，便明顯遇上了困難——大部分是政治性的問題。這樣的情形，部分是因爲圈外人高度突兀性的存在而造成。人們使用對待外來者的方式和你進行互動，這樣的外來者在其他較爲正常的狀況下，並不會成爲他們環境的一部分。這可能會造成懷疑、侮辱、敵意、漠視、好奇、友善、甚至服從，根據環境的不同和你出現情形的正當性（或不正當性）而各有差異。

　　為獲得日常生活的正確描繪，圈外人－研究者的出現必須成為例行公事。時間通常都是研究者的盟友：你在研究環境中出現得越久（或越頻繁），人們越可能將你視為不具威脅性的人物，或者，將你的存在視為理所當然。非強迫性的自由互動也較易使圈內人感到自在，特別是在你可以和他們進行非正式的交談，同時，經常向他們保證你絕無威脅性時。

由圈外人角色到圈内人角色

　　儘管，以研究者的身分所進行的參與，可以將觀察者置於人類行為的邊緣地帶，我們卻很少可以完全不和圈內人產生接觸。人們傾向於和你接觸，甚至只是某個象徵性的行為，讓你感到自在，或者，向你展示他們的優越性。他們可能會要你貢獻你的專長，不論你是否覺得自己有資格這麼做，或者，他們也可能要求你提供某些方面的協助。和人們的接觸情形，意謂你已經在某種程度上被接受成為該環境的一部分。而參與者身分的涉入行為，則意謂你所觀察到的現象，已經慢慢接近人們在外來研究者不存在的正常情形下說話和行動的方式。

舉例來說，Johnson 和幾個同事曾經用家庭衝突及暴力之觀察者的身分，和警察一起出勤。很快地，他們便被警察定義為解決這類問題的專家，一個有時也會被這些夫妻及家庭接受的角色。因為如此，他們被期望可以協助調停家庭的衝突和暴力、引用一些學說原則、輔導家庭成員、同時推薦某些適當的社區機構。這意謂，研究者已經獲得警察的接受，認為他們在這類型的警察工作上是有用而且自然的。然而，這並不意謂研究者已經以圈內人的身分——警察伙伴或是家庭成員——獲得這些人的接受及信賴。

　　在對社群進行參與及觀察時，Berger（1981）曾多次被要求在哲學、社會學、家庭關係以及兒童教養等等方面，提供專家的建議或意見。他也被要求執行一些日常工作，像是為人們及貨物提供交通運輸，或者，參與團體活動。他（1981, pp.215-17）甚至曾為族群中的一位逃亡者提供住處，並且，協助他躲避 FBI 的追查而潛逃到加拿大去。Berger 明顯已經獲得圈內人的接受甚至信任，儘管，並沒有任何指標顯示，他們已經將他視為該社群的一份子。

　　由圈外人觀點取得的資料可能是極為重要的。但是，人類的存在也有某些部分，除了從圈內人的觀點進行觀察之外，別無其他方法可以得見。當研究環境相當公開，同時，多少可以為任何人進入時（任何願意花費足夠時間待在附近進行觀察，以對其中發生的事物取得某種了解的人），圈外人的角色最有可能產生效用。Anderson（1978）一開始便藉著消磨時間的方式，參與杰力酒吧。Cottle（1977）則僅藉由公開的交談而對人們的私生活進行研究。

對於某些研究問題，我們或許不需要擔任涉入程度較深的角色。並非所有的研究者都可以，或適合扮演圈內人，或者，進行密切的接觸。例如，Haaken 及 Adams（1983）便曾說，他們的參與觀察研究是真實，但卻沒有涉入行為的研究。在以類似參與者的方式行動時，他們對生命線的訓練卻一直保持私人及專業上的距離。Altheide 及 Johnson（1977）在對一個福音團進行參與及觀察時，也只是假裝對其有興趣而已。

世界上沒有完美的參與策略。然而，大部分的人類環境都不會將圈內人的意義及行為世界交出，除非一個人願意成為他們的成員。大部分人類存在形式的深層意義都不會對圈外人展示。只有將這些意義視為一種生活方式的人才可以取得這些意義。

圈內人角色

在以圈內人的角色進行參與行為時，研究者需要選擇研究環境中原本存在的各種角色。不同於由研究者定義，同時，強迫加進環境中的圈外人研究者角色，圈內人的角色是由環境提供。舉例而言，Douglas、Rasmussen 及 Flanagan（1977）曾親自成為裸體海灘客而進行裸體海灘的研究。Humphreys（1970）則利用管理員的角色，觀察公共廁所中的同性戀行為。Adler（1981）以助理籃球教練的身分，對惰性進行觀察。我（1979, 1984）也曾以塔羅牌預言者的身分，對占卜行為進行研究。

在研究的過程中，參與觀察者可能必須扮演許多不同的角色。我（1979）曾在一開始時，扮演「追尋者」的角色。這個尋找性靈啓蒙的身分，是由圈內人所提供的。我甚至不知道，這個定義已經在我身上存在了相當長的一段時間。追尋者的角色給了我一個有趣的地位：我可以隱密地扮演這個角色；我被視作該環境常態的一部分；我可以用這個角色的常態部分，在不引起他人懷疑的情況下，觀察並提出無數的問題；但是，我仍然是個圈外人。

在扮演了一段時間的「追尋者」後，如果不對我的出現提供進一步的解釋，這個角色將會變得難以維繫。因此，在追尋的過程中，我逐漸轉變成環境中所定義的「客戶」。在這個角色的定義中，我必須有更為活躍的參與。作為一個客戶，我站在圈內人意義世界的門檻之上。和追尋者不同，我被允許接觸一般大眾較不可見的意義和感覺。圈內人對於我的存在顯得更為自在；我可以開始建立信賴關係；同時，我也慢慢開始和特定的人、族群、信仰、行為、甚至是環境的政治性產生關聯。我還不是一個圈內人，但是，我已經取得了一個較圈外人更接近圈內人的身分。

多重角色的扮演，提供了進入不同觀點的獨特優勢。研究者可以僅藉由觀察的進行，再加上和不同對象建立關係的過程，對發生的事件取得一個較為通盤及正確的描繪。這些一般基於雙方利益的關係，開啓了環境，讓研究者可以進行更為深入的參與觀察。

誠如 Gold（1958, 1969）所指明，在從環境中選擇適當角色的過程中，你可能會遇上某些涉及個人概念的困難。根據所需專業能力的程度，以及與他人互動時所受到的期望等等因素，某些角色會比其他角色容易扮演。對於扮演環境中各種角色的這份工作，某些研究者可能會比其他研究者做得更為輕鬆，也更為愉快。只要這個由環境定義的角色是在研究者的專業能力範圍之內，同時，不會和研究者的其他角色及自我概念互相衝突，問題便不太可能產生——儘管這份工作並不一定是有趣的。和研究者的自我概念互相衝突的角色都將難以維繫，不論時間的長度為何。

舉例而言，在我對於神祕主義的認知所進行的研究中，追尋者的角色並沒有造成多少衝突。我是真的很有興趣了解神祕主義的思想和行為，也很喜歡大部分的追尋經驗——我可以自由探索各種概念。客戶的角色也幾乎沒有造成任何衝突——儘管我還是比較喜歡追尋者的角色。作為一個追尋者，我在相對程度上是沒有義務的。但是，作為一個客戶，我必須尋求建議，同時，我還必須表現得像是真正想要獲得這些建議，也對這些建議心存感激，就像這些建議對我真的有所幫助一樣。塔羅牌預言者的角色———一個為我提供了完整圈內人身分的角色——是衝突性最大的。這個角色最大的缺點，便是實際根據紙牌進行預言的部分，特別是在公共場合之中。儘管我已經以塔羅牌預言者的身分，成為神祕主義的圈內人，使用紙牌進行占卜的行為卻和我的社會科學家身分產生了嚴重的衝突。我也擔心自己的預言行為可能對接受建議者造成影響。

政治性和多重的圈內人角色，在天體海灘的研究當中（Douglas, Rasmussen & Flanagan, 1977），佔有相當重要的一環。天體海灘是一個受到熱烈討論的公共議題：警察涉入；人們受到逮捕；利益團體形成；媒體也對此進行報導。身爲天體海灘客的一員，Douglas 是這些人思想及感覺世界的圈內人，包括天體主義的政治性在內。然而，Douglas 也以海灘附近屋主團體成員的身分進行參與。這些屋主是天體海灘的反對陣營中最爲活躍的一群人。因此，Douglas 取得了一個獨特的位置，一個同時取得兩個不同且具有高度衝突性之觀點的參與觀察者（Douglas, Rasmussen & Flanagan, 1977, pp.193-222）。在短期之中，他同時扮演兩種相互衝突的角色。但是，一旦這些對立的團體得知他在另一團體中的參與行爲，如果不去作適當的重新定義，他將難以維繫這兩種相互衝突的角色扮演。

成爲目標現象

參與者角色的扮演可以是名義上的扮演，或者，你也可以用更完整、更密集的方式，參與角色扮演的工作。參與者角色的適當性及表現方式，取決於研究者的個人經歷和興趣、接受扮演的角色、環境、以及幾乎無以爲計的相關因素。有些角色的體驗是需要花費大量心力的，有些卻不需要；有些角色只需要極少的專業能力，有些角色卻需要大量的訓練或專業能力；有些研究者可以成爲絕佳的角色扮演者，有些人卻永遠也無法克服那些扮演陌生角色時的笨拙。這種笨拙的情形可能會造成自我衝突、不良的角色扮演，或者，限制了觀察的能力。

在日常生活裡，我們所假扮的角色和我們真正的角色之間，只有一條微妙的界線。傳統上，參與觀察者一直被警告不要跨越這條界線。跨越了界線的參與觀察者一般都稱爲「土著化」，或者，「成爲目標現象」（Wax, 1971; Mehan & Wood, 1975; Douglas, 1976; Adler & Adler, 1987）。在發生這種情形時，研究者可能會離開科學社群，或許，永遠也不會再回頭；研究者也可能會被「主觀」及個人感覺污染；研究者的科學身分可能會就此遭到破壞。在傳統的觀點中，研究者的「客觀性」和貞操並沒有什麼不同，一旦失去了，就永遠無法復原。

在抽象的概念中，這些可能發生的情形似乎相當不祥。有時候，這些憂慮也可能會成爲事實。研究者在田野環境中清楚觀察的能力，以及研究者對觀察結果進行的批判式分析釋讀的能力都是非常重要的。然而，同時進行參與和觀察的優點之一，便是以圈內人的身分體驗日常生活世界。有時候，只有成爲目標現象，同時，密切地進行體驗，我們才可以達成這個目的。

成員的身分，是一個享有特權的觀點。同時，最重要的一點便是，它只能從生活經驗中獲得。Scott（1968）在偶然的機會下，取得成員的身分進行探索，因而可以深入內部描述田徑比賽的細節。同樣，Backer（1963）以爵士樂手和大麻吸食者的身分進行的參與行為，讓他得以由成員的觀點，揭露這些現象的真實面目。Damrell（1977, 1978）在兩個宗教團體中的成員身分，為這些現象提供了獨特的觀點。Polsky（1969）的社會邊緣人身分，開啟了街頭分子、披頭族和其他邊緣族群的世界，讓他得以進行正式的研究。Irwin（1970, 1980）早年對於犯罪行為的參與也造就了他對於重罪犯和監獄的諸多研究。

在成為塔羅牌預言者的過程之中，我（1979）所遭遇的困難，並不是因為和神祕主義或神祕主義者產生過度同化的情形而造成。相反的，我在放棄科學身分及觀點的部分遇上了困難，甚至只是暫時性的放棄。儘管我急切地嘗試成為一位神祕主義者，我卻無法完成這項偉大的技藝。因為對於科學的承諾，我無法說服自己（儘管我的確說服了其他的人），相信我是一個神祕主義者。甚至在我已經被神祕主義者視為其族群的一部分時，我仍然發現科學性的架構會不斷侵入我的思想及感情世界中，模糊了神祕主義的觀點。

儘管有這些警告，近年來，參與觀察者們仍致力於成為目標現象，以取得觀察的優勢。在成功使用這項策略的諸多實例中，Jules-Rosette（1975）對非洲土著基督教基本教義派族群所進行的田野研究是最具代表性的。她的報告提供了一個有力的證據，證實這種策略的觀察優勢，同時，也幾乎沒有任何指標顯示，研究的客觀性會因此喪失（Krieger, 1985）。

起初，Jules-Rosette（1975）是以一個在非洲進行教會儀式研究的西方社會學家身分，接觸到這些「使徒」。在意識到自己無法完全了解這些信仰活動和教會儀式的情形下，Jules-Rosette 開始進行更為活躍的參與。她的參與性涉入活動，證實具有極高的價值。因為，它開啟了目標研究現象，讓她得以研究那些在非參與者的觀點中並不明顯的事物。最後，她成為一個完全參與的成員。在這個過程中，她將自己的注意力，明確地放在取得成員資格的工作上，就像把它當作研究主題一般。由於這個成員的身分，Jules-Rosette 得以從圈內人的觀點，描繪出生動而詳細的宗教生活圖像。

儘管 Jules-Rosette 取得了較大部分研究者更大範疇的圈內人觀點，但是，她在最後回到科學社群的事實也指出，她從未完全放棄科學的使命。她似乎能夠在至少某段時期之中，暫時停止她的科學觀點，而以宗教觀點取代。一旦進入圈內人的信仰世界後，Jules-Rosette 卻可以將它當作資源，配合她從田野蒐集到的記錄及材料，重新開啟科學架構，進行真切及批判的分析。

跟一般演員一樣，人們擁有操控多重角色和多重自我的能力，甚至在相關的觀點間具有邏輯衝突或其他衝突的情況下依舊如此（Festinger, Riecken & Schacter, 1956）。我們可以將潛在具有衝突性的信念，分離成認知上的區隔。我們甚至可能長期性地保有多重相互衝突的信念，特別是在使用這些信念的互動情境可以維持分離的情況下。我們也可能在這些觀點間進行內部對話。大部分的研究者都相當擅長開啟及關閉自己的分析功能。你可以將日常生活視為一種常識，對其進行加倍的體驗及釋讀，隨後，再開啟一個分析的觀點處理特定情境（Zurcher, 1977）。

對於成功的參與觀察研究而言，成為目標現象並不是必要條件，同時，它也可能對研究者的自我概念造成困擾。舉例而言，在脫衣舞孃和社會學研究生的兩種身分之間，Rambo（1987）便不斷感受到衝突的存在。部分的原因在於，Rambo 在成為一個研究生之前，早已在日常生活中扮演了脫衣舞孃的角色。在整個田野研究之中，Rambo 都讓我來替她說出這些行為中的分析社會學概念，讓這些概念不受舞孃觀點的介入。在她最為密集的田野參與時期，她發現自己必須在表演開始前，將自己的經驗全部傾訴出來，通常一說就好幾個小時。儘管我一直向 Rambo 強調，繼續參與目標現象對研究的進行沒有絕對的必要性，在屢次的會談之後，她卻依舊決定繼續參與，直到她認為這個參與策略的使用已經收到最大效益的時候才停止。

Rambo 以目標現象的身分進行的參與觀察研究，為她提供了取得脫衣舞孃圈內人經驗的絕佳途徑，特別是舞孃的感覺及她們和客人產生互動的策略。很明顯地，她在這個情境中的主觀性參與，讓她可以對脫衣舞孃的經驗，作出更精確（客觀）的描述。這是用其他任何策略都無法做到的。而我則可以由圈外人的角度，為 Rambo 的經驗提供另一個觀點。但是，在舞孃和研究生的自我概念衝突之間，她也的確遇上一些困難。而在相當短的一段時期中（不到兩個月的時間），藉著向人傾訴，同時，讓他人以社會學的眼光分析這些經驗的方式，她克服了這些困難。

因此，成為目標現象是一種直接進入人類生活形式、取得直接經驗的參與觀察策略。它是一種客觀的方法，因為它能夠對圈內人的生活經驗，提供精確、詳細的描述。在使用這種策略時，研究者必須要能在圈內人的觀點和分析的架構之間進行轉換。你可以利用向同事傾訴田野經驗的方式，幫助這種轉換的進行。和所有的科學發現相似，參與觀察的研究結果會獲得公開，讓社會大眾和其他研究者審閱。但是，和其他許多研究方法不同的是，在參與觀察研究中，研究者需要提供仔細而具體的描述，說明特定的研究結果如何經由研究方法的使用而取得。

團隊策略及助理的使用

　　就能夠取得的圈內人世界觀點而言，單一的研究者基本上便是受限的，就算他可以扮演多重的參與者角色也一樣。單一研究者所能觀察及體驗的事物，天生便有某些限制。參與觀察者的社會地位，像是性別、種族、以及年紀，都很難改變。然而，社會地位對於觀察而言，通常也都相當重要（Wax, 1979）。

　　對於人類意義及情境的接觸，特別是圈內人的意義，常常取決於社會位置及地位。舉例而言，涉及性別的活動，除了從具有恰當性別之人的觀點來看之外，可能都難以進行觀察。如果想要蒐集高品質的資料，使用參與觀察者的工作小組和受過訓練的助理，可能會有相當大的幫助，甚至會是必要的策略。

團隊性的參與觀察研究和由單一研究者進行的研究，並沒有什麼明顯的不同。但是，團體可以利用分工的方式，接觸多重觀點。團隊策略也可以提供其他的優點，讓研究不再完全仰賴單一參與研究者的個人興趣及人際關係技巧。團隊中的成員通常都可以就他們在研究環境中的發現，以及他們所遇上的問題，進行經常性的溝通。例如，Haaken及 Adams（1983）便曾使用他們在心理學及社會學方面的訓練，取得研究對象對生命線訓練的不同觀點。

Douglas、Rasmussen 及 Flanagan（1977）對天體海灘所進行的研究，進一步說明了團隊研究策略的有效使用。對於海灘生活，每個研究者都可以提供一個不同的存在性觀點。Douglas 的觀點，受到他身為一位中年已婚的大學教授，同時，也是海灘附近住宅擁有者的社會位置影響。Rasmussen 的社會位置和 Douglas 相當不同：他是一位年輕、單身的研究生。Flanagan 則以年輕女性研究生的身分，提供了另一個不同的觀點。由於社會地位的特徵，不論是 Rasmussen 或是 Flanagan 都無法提供 Douglas 為這項研究帶來的觀點，特別是社會學的專業能力和當地屋主的觀點。相對的，不論是 Douglas 或是 Rasmussen 也都無法從女性的角度，提供對於天體海灘的觀點。年齡及婚姻狀態也為 Douglas 及 Rasmussen 的觀點帶來差異。

Feldman、Agar 及 Beschner（1979）提供了一種獨特的團隊策略。四位參與觀察者——兩男兩女——分別在美國的不同區域，研究天使塵的使用情形。在他們因爲急迫的公共衛生理由而決定合作時，他們都已經分別地在進行天使塵使用情形的研究。在三個半月的時間中，這些研究者分別利用他們既有的參與觀察者身分，集體將研究重點放在公共衛生的基本問題上。研究觀點的多重差異——根據性別、區域位置、理論重點等等的不同——讓他們確信，這些發現將可用於訂定社會政策，同時，對這個社會問題發展出特殊的處理方法。

和團隊研究策略相同，研究助理的使用，同樣可以藉著多重觀點的提供而增進資料的品質。然而，和團隊研究不同，研究者通常都是因爲特定目的而雇用助理。我們至少可以分辨出兩大類的研究助理。第一類，由於許多研究者同時也在高等教育機構中任教，他們通常會爲某個研究計畫的特定範疇，雇用學生作爲助理。第二類，參與觀察者可能會在田野研究環境之中，招募一些人作爲助理。

學生助理在他們的興趣、訓練以及能力上有相當大的差異。大學生特別適於特定任務的執行。我便曾爲了蒐集塔羅牌的占卜資料，雇用一些只有極少研究經驗的大學生。我可以在並未提供詳細指示的情況下，將這些助理送到塔羅牌預言者的地方。他們通常可以替我錄下預言的內容，而且，我也要求他們記錄田野筆記。後來，爲了蒐集進一步的資料，也爲了將參與觀察法教給他們，我也爲他們開了一連串的課程。

Zimmerman 及 Weider（1977）則更爲密集地雇用大學生作爲助理。他們對於青少年的毒品文化有相當大的研究興趣，特別是那些用來建構及理解此種生活形式的特殊用語。同時也涉及毒品次文化的這些學生，特別適合這項任務。Zimmerman 及 Weider 讓這些學生根據他們的經驗，作成田野筆記。同時，他們也為這些學生安排了課程及面談。

研究環境中的成員不僅是傑出的資料提供者，同時也是絕佳的田野工作者。和自研究環境外的研究者不同，這些圈內人原本就已經是在研究環境之中。而和學生助理不同，當地的田野工作者所能完成的任務，和個人有極大的關係。在大部分情況下，使用由環境中取得的助理時，最好是限制在某些由專業研究者主導的特定工作中。然而，甚至在我們不預期可以發現工作伙伴的環境中，參與觀察者亦曾雇用過一些當地成員，在後來成為完全可以信賴的共同工作者。和特別具有天份的圈內人一樣，有些時候，我們也可以仰賴研究生來擔任某些重要的責任。

舉例而言，Gallimeier（1987，即將出版）便曾由職業曲棍球員之中，雇用了一位重要的資訊提供者作為助理，以協助進行資料蒐集。這位球員，Crawdaddy，非常適合這項任務，因為他擁有社會學的學士學位。Crawdaddy 將他所取得的資料作成日記，同時，也和 Gallimeier 進行長時間的探究性面談（根據 Zimmerman 及 Weider 的引言，1977）。

摘要

　　本章已討論並說明參與日常生活的原則及策略。參與觀察者的物理及社會位置，決定其可以體驗及觀察的事物。參與者的角色可以是完全的圈外人、完全的圈內人、或者位在目標現象內外之間的各種不同位置。成為目標現象，是由完全的圈內人觀點體驗世界的一種獨特策略。在參與的時候，你應該要對道德議題、政治性、及自我概念的衝突，有相當程度的注意。參與的行為可以由單一研究者或研究小組進行。參與觀察者的工作小組可以提供獨特的優點，包括由多重觀點取得資訊的可能性。

練習

▶ 假設你是某種日常生活形式的參與者（例如，高中舞會）。試找出這個事件中的不同社會位置（例如，樂隊成員、女性學生、男性學生、母親、父親等等）。描述並討論這些不同的社會位置如何造成對事件的不同觀點。你可以任意提出自己的案例。

▶ 你被雇用進行有關高中輟學學生（或有關吸毒者，或有關警察）的研究。你將如何使用成為目標現象的參與觀察研究，接觸這個研究主題？這個策略是否適當？

原因為何？在進行這種形式的參與觀察時，可能會遇上那些困難？試論述此種策略的優點及缺點。

▶ 使用上述的主題之一，比較其如何可藉單一的研究者及研究者的工作小組進行研究。個人式及團體式的參與觀察各有何優點及缺點？

▶ 由文獻中選擇一則參與觀察研究的實例。從研究者的位置、使用的參與者角色、道德、政治性各方面，對此實例進行批判式的分析。在此實例之中，參與觀察法的使用是否有效？原因為何？

5

發展與維繫田野關係

　　本章將討論及例示如何發展並維繫以信任、合作、一致性及友誼作為特徵的田野關係。田野關係的基礎在於協調、報酬（reciprocity）及交換，同時，它也產生重要的政治性和道德性議題。本章即將描述可能妨礙參與觀察者與日常生活情境中的研究對象建立理想關係的種種障礙。其亦討論並例示在處理產生問題之田野關係時所用的策略。

信任以及合作

在蒐集精確及可信資料的過程中，謊言、誇大、有意及無意的欺瞞（包括自我欺瞞）、表面功夫或假面具、缺乏認知或認知極度有限、誤解等，都會造成嚴重的問題（Douglas, 1976, 1985）。當參與觀察者與田野對象建立並維持著信任及合作的關係時，資料的品質便可以提升（Johnson, 1975）。認識一個人的社會身分（經歷、地位、角色等等），可以為發展信任及合作的關係提供有利的基礎，同時，也可以用來評估這個人所提供的資料。在判斷人們所提供之資料的真實度時，我們需要追究：他們如何得知這個訊息？他們對這個訊息是否有興趣？這個故事和他們的個人經驗是否相符？這個訊息在其他方面是否可信？這個資料是否可由他人證實或否定？常識可以作為判斷的基礎。換句話說，大部分的人都在日常生活中評估他人和各種訊息；而參與觀察者則需要因為研究目的再進一步修飾及培養他們原有的人際關係技巧。

信任及合作並不是絕對的。相反的，它們是一種程度上的問題。在日常生活中，你和他人的關係便多少涉及合作及信任。在田野研究中，你很有可能會和一部分的人發展出非常信任，甚至非常親密的關係和友誼；和另一部分的人維持良好，但較不親密的關係；同時，又和另外一部分的人發展出僅涉及有限之信任及合作的非正式相識關係。信任及合作是互動的。同樣的，圈內人也可能多少覺得你是有趣、友善和值得信任的。作爲一位參與觀察者，你可以故意操縱自我形象，幫助（或阻礙）特定關係的發展。

人和人之間的信任及合作關係，受特定狀況及情境的影響極大。你應該要計畫性地培養自己釋讀社會互動情境的能力。舉例而言，假如你沒有注意到資訊提供者因爲特定情境本身，或是因爲特定情境中其他人的存在，而對提供資料的行爲感到不自在的話，你和這位資訊提供者間逐漸增長的信任關係，便可能會受到破壞。精確及可信的資料，取決於你和他人之間的關係類型和程度，以及互動關係發生的情境。

建立於信任及合作之上的人類關係，是社會生活中不斷變動，同時，也經常造成問題的情境。信任及合作的關係隨時都可能會被取消。參與觀察者必須評估，何時才是我們擁有「足夠」的信任及合作關係，可以支持精確及可信之資料蒐集的時候（Johnson, 1975）。換句話說，你必須自問，自己是否已經建立起足夠的信任及合作關係，因而得以信賴蒐集而來的資料。這個決定幾乎沒有所謂的絕對規則，但是，大部的人都擁有判斷的常識能力。舉例而言，資訊提供者告訴你的事情，是否已經超出他可能告訴陌生人的程度？你們對於彼此間的互動情形，是否感到自在？你們是否可以互相開玩笑？你對於這個人和他的社會歷史，有多少程度的了解？

簡言之，參與觀察者和田野環境圈內人間的信任及合作關係，是參與觀察者使用非妨礙性的方式，進入圈內人的日常生活，同時取得和其日常生活世界相關之精確、可信、高品質資訊的必要條件。信任及合作是程度上的問題。參與觀察者應該要和環境中至少一部分的重要人物，建立最高程度的合作及信任關係。信任及合作通常都會造成困難，同時，取決於具體情境中的互動行為。在田野環境進行研究時，你必須決定，這項研究是否擁有足夠的合作及信任關係來支持真實的聲明。換句話說，你必須時常根據提供資料的對象、參與關係的程度及特徵、以及你和圈內人進行互動的情境及環境，釋讀並評估你所得到的資訊。由於 Blau（1964）在正式進行訪談前，無法和資訊提供者建立起足夠的一致性關係，因此，便造成他無法取得信任關係的結果。

報酬及交換

　　田野關係需要涉及參與觀察者與圈內人間的協商和交換（Blau, 1964; Whyte, 1984）。儘管某些交易可能涉及金錢及物質，最可能存在的交換媒介仍然是屬於非物質和抽象性的。不論人們本身是否意識到這一點，在任何關係中，所有涉及其中的人或團體，都希望由這些交易獲得某些事物或價值。很明顯地，你想獲得一些東西：圈內人生活方式的涉入、參與和觀察的機會以及資料。

　　在信任你並和你進行合作的過程中，圈內人可能無法得到任何東西，不論是個人或是團體。他們通常都和研究者持有不同的看法，不相信這些經由研究而獲得的知識，能夠對環境成員產生任何價值。在和越戰退伍軍人建立合作關係，以針對他們在日常生活中所面對的問題（因為戰鬥經驗而造成的問題）進行描述的過程中，我就常被迫要為這個問題提出辯護。他們最常向我提出的第一個問題便是：「這對你有什麼好處？」他們也問到：「為什麼我要和這項研究合作？」或「這對我有什麼好處？」

　　你必須用什麼東西來交換人們的信任、合作、資訊、及友誼呢？這是一個無法輕易解答的重要政治性及道德議題。舉例而言，由於他們先前的經驗，越戰退伍軍人一般都不相信，研究能夠產生有用的認知，幫助他們解決日常生活中的問題。他們大部分的人，對於科學或科學家所帶有的權威，都沒有任何敬畏。而他們的經驗，也讓他們對所有的「慈善團體」及服務組織，都帶有超乎正常的懷疑態度。我發現，和這些人交往最好是用直接和坦白的方式。我明確地把我希望從研究中獲得的東西（出版作品、名望、認知）告訴他們。我也告訴他們，儘管我也希望這項研究可以為人類，特別是像他們這樣的人，帶來某些程度的用處，我卻不認為它可以顯著改變他們的生活。我只向他們保證誠實、尊敬、以及建立雙方友誼的可能性。由於許多退伍軍人根深蒂固的譏諷態度及對他人利己動機的不信任，這種完全誠實的方式，通常都能夠消除他們的敵意，通常也都可以成功。相反地，較不坦白、較為虛假的方法則通常會完全失敗。

這些退伍軍人也會被研究者的聲明說服：由於參與觀察者承諾會由圈內人的觀點進行描述，這項研究所具有的探究性，將會比大部分的人文研究低。由圈內人觀點去了解某些特殊生活形式的行為，本身確實具有部分價值，甚至在它並未保證不會有任何後續之濫用及研究時依舊如此。由於參與觀察者必須直接與圈內人互動，研究者將會更無法忽略圈內人的思想、感覺及興趣。但是，直接的參與性涉入行為也具有一種人文潛力，這是在遠離研究對象生活形式的研究之中所缺少的。因此，在最後的分析階段，你必須準備替你和田野研究對象間關係的公正性及倫理性辯護，必要時甚至得公開辯護。

為進行負有道德責任的參與觀察，在向圈內人提供某些有價的物品以交換資訊時，你必須抱持相當謹慎的態度。最糟的交換媒介便是金錢。Douglas（1976, p.141）便曾觀察到，「假如一個人付錢給他的情人以報答她的付出，他就是把她當作應召女郎一般；然後，他會得到虛假的愛，一種純粹的表演形式，作為回報。」在某些情況之下，金錢可能會是一種適當的交換形式，但是要小心，因為，金錢會將這項關係定義成一種商業行為，而這種基礎，可以會對交換的事物造成影響。舉例來說，付錢給他人作為協助蒐集資料的酬勞，或者，以金錢或是其他有價物品當作禮物，以酬謝他人的協助，一般都是恰當的。然而，我們應該要注意，在這種文化之下，朋友之間可能會交換好處和有價物品，包括金錢，但是，他們卻很少能夠用這些東西來交換友誼，同時卻不帶來負面的影響。

你會發現，有許多方式，都可以使用不涉及金錢的合理交換行為，鞏固合作和信任關係。涉及讚美、恭維、以及提供幫助的交換行為，在鞏固合作及信任的關係時，一般要比金錢更為有力（Blau, 1964）。的確，友誼通常都是建築在雙方對於共同利益的認知，以及相互尊重的基礎上。儘管大部分屬於象徵性質，尊重仍然是一種相當有力及珍貴的付出和交換媒介。在我對神祕主義的研究中，我最信任的資訊提供者便十分重視我的尊重及友誼，遠超出他們對於金錢報酬的重視程度（Jorgensen, 1979）。同樣地，Ellis（1986）也曾以協助、小禮物以及最重要的，一份對於研究對象及他們生活方式的真誠興趣及敬意，回報她所研究的漁夫們。

　　在特別困難的狀況下，Adler（1985）曾在和上層毒販發展交換關係時，作了超乎尋常的付出。藉著提供協助，像是當毒販小孩的保姆、讓毒販使用她的電話和汽車、為這個毒品次文化的成員們提供聚會地點等等，Adler 獲得了他們完全的接受，也建立起超乎尋常的信賴。有一次，她在一位毒販遭到逮捕、定罪、並因販毒而坐牢時，即為他提供了法律協助，並幫他處理其他相關事宜。在這位毒販出獄後，他還和 Adler 一家人共住了七個月的時間，以重新進入日常生活之中。這位毒販所扮演的角色，遠超出一位合作及信賴的資料提供者——他成了 Adler 一家人的朋友。

建立關係的策略

　　一開始，參與觀察者在田野研究環境中，以陌生人的身分，接觸到環境中的對象成員。同樣，這些人也以對待一位陌生人的方式，體驗你的存在——就算他們對你的真實身分或扮演角色，已經具有某些程度的認知。這些圈內人的反應可能會是憎恨、親切、厭惡、冷漠、忍耐、帶有戒心的合作、友善、甚至是熱情及親密。同樣，對於環境中的一般及／或特定對象，你也會體驗到各種不同的情緒——憎恨、厭惡、恐懼、冷漠、忍耐、友善、愛。

獲得接受

　　從你和圈內人的第一次接觸開始，你的目標便應該是取得他們某些程度的接受。作為一位參與觀察者，你不一定要獲得他們的厭惡或是喜愛。但是，你的存在卻得不讓圈內人感到抗拒或難以忍受。一旦你可以在沒有重大反對或保留的情況下獲得接納，你就可以有許多時間，慢慢發展出更為親密的關係。一開始，你最好是用盡可能謙虛的態度進入環境。一般而言，任何可能讓你受到注意的行為都應該避免。

　　在開始融入環境和特定情境的時候，最好能夠仔細地觀察並聆聽一切發生的事物，以更加熟悉這個情境和圈內人的日常生活方式。最好不要直言無諱；用看起來最適合當時情境的方式回應他人；或者，試著出現在這些情境之中，但不要用任何突兀的方式進行。為達成獲得接納的目標，你的穿著和行為都得要不引人注目。要做到這一點，你必須解讀自己涉及的情境及環境，以發現融入其中的適當方式。獲得接納的過程，就像是學習一種不同的文化或次文化的過程。這部分參與觀察的階段，有時被稱為「訣竅學習期」(learning the ropes)(Shaffir, Stebbins & Turowetz, 1980)。

隱密式的參與觀察者應該採用一種適合謙虛式被動策略的角色及行為。在大部分情況下，我們只要符合圈內人對這個角色的期望就夠了。假如可能的話，盡量讓「你是誰？」和「你在這裡作什麼？」這類的問題，維持在曖昧不明的狀態；但是，你也要提供足夠的資訊，以免讓他人對你的存在產生不必要的興趣。你的目標是以一位普通參與者的身分，進入目標文化，並且獲得接受。

公開式的參與觀察者則要面對不同的狀況。因為部分的研究對象（就算不是全部的人）對研究內容的認識有限，你常需要作進一步的解釋。環境中的成員一般都對你真正想要獲得的發現、你將會採取的行動、以及他們是否會涉入研究、如何涉入等等的問題存有疑惑。人們對研究的內容和影響產生嚴重錯誤印象的情形並非不常發生。或許，對於公開式的參與觀察者而言，在建立田野關係的過程中，一開始最重要的任務便是克服人們對你和研究本身的偏見。

在公開式的參與模式中，公開而直接地處理人們的疑問是相當重要的。你必須將你在田野環境中的存在情形平常化。根據環境的不同，你或許可以因為人們認為研究具有價值的想法而取得他們的合作。圈內人常常會將他們和你的關係，視為真正具有價值的事物，或者，視為一種個人名望及權力的來源。你並不是圈內的成員，因此，你也不應該表現得像是成員一般。圈內人並不期望研究者表現出成員的樣子。假如你真的表現出成員的樣子，他們還很可能會感到不悅（Whyte, 1984）。

圈內人可能會要確定你不會傷害他們，或是他們的利益。如果可以一再強調，他們的合作是自願性的，他們的身分是匿名性的，而他們提供的任何訊息也都是機密性的，或許可以提供些許幫助。和田野環境中的研究對象一同討論研究計畫，或許也有助於消弭可能產生的誤解，並獲得他們的接納。但是，我們並不一定要揭露研究所有巧妙之處。研究者的確切研究方向可能無法完全清楚說明，因為，基本的研究問題仍不斷出現。對於研究的高度技術性說明通常都是不需要，也較為不利的。針對研究提供一個概略卻清楚的說明，然後，再回答圈內人所提出的問題，通常便已經足夠。

圈內人的忍受及接納或許可以快速而輕易地取得，但是，也有可能需要長時間的努力。某些人或許可以取得接納，但有些人也可能遭到保留，甚至更糟。在獲得接納後，它也隨時可能會被推翻。你該對忍受及接納的徵兆保持警覺。這些徵兆可能相當微妙：身體語言和姿勢，環境成員對參與者的涉入情形不再反對，或者，只是你個人的感覺，覺得互動已經成為一種常態及普通的現象。或者，你所受到的接納也可能較為明顯，例如，人們可能會表現出和你建立友誼的興趣。

為取得忍受和接納關係，一般都需要對成員的信念、價值觀、以及活動抱持精神上的中立態度（Whyte, 1955）。圈內人可能會請求，甚至要求你對他們的生活方式，產生更多精神上的接受甚至承諾。一般而言，是否能夠通過這些試驗的事實，可以決定你們後來的關係。舉例而言，在研究基督教基本教義派的教會學校時，Peshkin（1986）便曾重複受到多次的試驗，讓他改信基督教——儘管他是一個猶太人，而或許，這正因為他是一個猶太人的關係。Peshkin通過了這些試驗，而這些教會學校中的成員也就繼續接受他的存在，甚至與他合作。忍受及接納的徵兆是非常重要的。這些徵兆顯示，你已經獲得圈內人的檢視和評估，同時，也已經被他們認為是精神上值得交往的對象（Johnson, 1975）。換句話說，所謂的「接納」，就是圈內人對於你的精神判斷。但是，接納也並不一定代表圈內人認為你在精神上是和他們相當的。

建立一致性

為了和圈內人取得真正的一致性，我們所需要的將不僅是純粹的忍受和名義上的接納（Hunt, 1984）。人們對彼此的感覺必須是具有正面意義的。一致性的關係通常都關係到研究者展現某些程度的目標文化成就，以及，展現他願意在和成員交往時付出某些屬於個人部分的意願等等的能力。和田野環境對象建立一致性關係的過程，除了是一個更為特意、更有意識的行為之外，非常類似我們在日常生活中的交友過程。為了和圈內成員建立起高度的一致性關係，我們通常都得對他們的生活方式作大量而密集的平常性參與。

一致性並不一定意謂你總是同意圈內人的看法，或者，總是符合他們的期望。儘管 Gordon（1987）曾公開反對耶穌會信徒對信仰問題的看法，他仍然成功地和他們建立起一致性的關係。這些「情緒上的歧見」（empathetic disagreements）也因此得以減輕參與觀察研究對 Gordon 所產生的壓力。

曾經和你交換過眼神接觸、姿態或交談的對象，都可以是你尋求一致性的起點。從你和他人的談話中，你可以發現共同的興趣。在人類生活一般情境下的共同參與，可以建立共同經驗和一致性。甚至只是簡單的關懷表現，常常也可以讓人們敞開心胸，向你訴說他們的興趣、活動、以及經驗。對圈內人表現出關懷、體諒和願意傾聽的態度，通常都可以為你帶來一致性和友誼。

社會隔離的概念及人和人之間的距離，或許會成為建立關係的障礙。舉例而言，圈內人可能會將你的社會價值，看作高於或低於他們自身的社會價值，並且，根據這樣的判斷來和你交往。年齡、民族、以及性別，都是許多社會距離的基礎。為建立一致性，這些距離必須獲得串聯。例如，Corsaro（1985）在針對學齡前的兒童進行研究時，便曾遇上相當嚴重的一致性問題。藉著待在學校裡，名義上地參與學校的活動，如幫助孩子們準備放學回家等等，Corsaro 開始進行他的參與。Corsaro 變成學校中的一個經常性，同時，不具威脅性的角色。漸漸地，孩子們也發現了 Corsaro 的存在，並且，開始和他交談。

因為孩子們所表現的忍受及接納徵兆，Corsaro 逐漸可以在不造成干擾的情形下，進入他們的遊戲活動中——這是另一個建立一致性的指標。孩子們開始叫他「大比爾」，用這樣的暱稱表現出高度的接納。而藉著這個暱稱，孩子們也表現出他們知道大比爾和他們自己的差異，也知道 Corsaro 和老師的某些差異。Corsaro 建立一致性的關鍵，便在於他和孩子們的直接參與者涉入行為。最重要的一點，大比爾和其他的大人不同，他並沒有在孩子們身上展現權威。漸漸地，孩子們讓大比爾加入他們的活動，堅持要他和他們一起坐、一起玩，同時，邀請他參加他們的慶生會，就像是他們的朋友一樣。因此，Corsaro 克服了我們每個人都可能遇上的社會距離。

參與觀察者的自身經歷也可以用來克服社會距離。在產生同理心、了解及社會連結時，發現並分享共同的生活經驗是相當有效的。年齡、目前或先前的居住地點、服役經驗、信仰、婚姻狀態或歷史、工作、嗜好等各方面的相似性，通常都可以作為產生一致性的基礎。真正一致性的建立，甚至是可能導致友誼的一致性，在以誠意進行時是最為有效的。然而，我們也都知道，參與觀察者都會發明、想像或使用個人經驗，適應特定的目的或情境，以鞏固一致性關係的建立（Johnson, 1975）。

自白是在建立一致性的過程中非常有效的常識性策略。在這種策略中，你會把一些和你自己有關的事情，詳細地說給另一個人聽。這些事情通常都是你不會隨便告訴任何人的事情，如個人的祕密。自白通常都帶著要求保密的警告。這些祕密訊息的分享，造成了一種明顯具有特殊性，或者，明顯基於特殊關係的共同經驗，它代表了你給自白對象的一份禮物、一份信心、一種尊敬和信任的象徵。同時，就像所有的禮物一樣，它在接受者的身上，創造了一種義務，讓他必須以某些價值相當，或者價值更高的東西來交換——像是他們自己的自白。

儘管人們可能都會把自己最深沉的祕密，保留給非常親密的密友，他們卻常常會對自己幾乎完全不認識的人，進行令人驚訝的自我表白。舉例而言，Kotarba（1980）便曾發現，人們會向陌生人公開揭露自己在健康和疾病方面的隱私。然而，這並不特別令人訝異，因為，把一個人的祕密放在一個你可能永遠再也不會見到的陌生人身上，可能會比放在身為你日常生活一部分的好友身上來得安全。在任何情況下，這種自白的策略，都是在田野環境中建立一致性的有效工具，因為，它可以為人們創造一種共同，甚至親密的經驗。

或許，鞏固共鳴性田野關係最有效的一般性策略，便是參與共同的活動。藉由共同參與，人們創造出共同經驗。共同經驗可以作為互動感覺及友誼的鞏固基礎。不尋常的經驗，像是涉及高度情感的經驗，是特別有效的一致性媒介。戰爭後的退伍軍人、囚犯、犯罪的受害者等等，通常都可以因爲共同經驗的強度而立即產生一致性。對於些微偏差或非法行爲的共同參與經驗，就一致性及友誼的建立而言，通常也是相當有效的媒介。類似的感覺可以由民族和宗教上的同一性，以及衍生自其他族群之同一性產生。這些活動劃分出圈內人和圈外人之間的藩籬，創造出明顯屬於「我們」的感覺及一致性。

克服障礙的策略

參與觀察者可能會遇上一些拒絕建立並維繫良好田野關係的人或情境。有些人可能會對參與觀察者表現出冷淡、冷漠、不信任、敵意、甚至仇恨。因此，這些人和情境會引發參與觀察者的情緒反應。社會生活是政治性的：我們和其中一部分圈內人的友善及信任關係，可能會造成我們和環境中另一部分圈內人的不友善及敵意關係，你應對這些人及狀況有所體認和解決之道。

由人及環境造成的困難

敵意、衝突、不信任和不友善的關係，會對正確及可信資料的蒐集造成嚴重的阻礙。然而，合作關係的缺乏有時反而可以成爲一種優勢。有些時候，直接和人們討論他們具有敵意和不友善的原因，可以是相當有效的。只要讓他們表達出這些感覺，我們就很有可能取得日後的合作關係。這樣的過程或許可以讓他們修正一些錯誤的概念，或者，為他們找到合作的理由。就算你無法成功取得合作關係，這些由不合作的圈內人提供的資料，在我們深入了解圈內人的世界時，可能也會有很高的價值。

舉例而言，Peshkin（1986）在開始尋找適當的研究環境，以進行對基督教基本教義派教會學校的研究時，便遭受到牧師和學校當局的嚴重敵意。他的進入請求一再遭到拒絕。但是，這些經驗卻是很有用處的。由於這些困難，Peshkin 對圈內人和圈外人之間的界限，以及基本教義派者對這項研究的具體反對意見，發展出進一步的了解。

所有的人文情境都具有政治性。每個圈內人都在事件中進行自我審查。因此，無可避免地便一定會有持續不斷的衝突、對於權力的掙扎、以及嚴重的歧見。我們和環境中某些人的信任關係，極可能會妨礙我們和其他人、派系、網路及族群的信任關係。例如，當我在 1979 年觀察神祕主義者的網路時，便曾早在完全了解這個神祕社群中的主要派系和政治性衝突之前，便和某些神祕主義者建立了親密的關係。或許是因為我也曾和屬於不同主要派系的人分別建立了許多非正式的關係（幾乎純粹是巧合），或許是因為他們對於我屬於這個或那個族群或派系的定義是逐漸建立起來的，直到研究將近結束之時，這樣的情況都沒有造成什麼問題。

然而，我終於還是直接涉入了衝突派系間的痛苦爭執。

當時，我並未出席社群中某一族群所舉辦的靈媒大會，這和族群領袖的期望（我想，這是一項誤會）正好相反。我試著向他解釋這個誤會，打了許多通電話，希望能夠淡化這次的衝突。但是，他卻已經把我在這個社群中的參與行為，看作是反對政治派系「唯物主義」價值觀的反射，因此，完全否定了我和我的朋友，以及我們對於神祕主義的參與行為。後來，我又試著在許多機會中補救這個問題，但卻都徒勞無功。那位領袖和其他接近這些社群政治利益的成員們非常確定地把我劃到另外一個派系中。因此，在接下來的研究過程中，我再也無法在友善的基礎上，和這些人進行互動。他們也拒絕讓我參與他們的活動。這個事件對我個人造成極大的傷害，也為我帶來嚴重的問題。然而，在確認我對神祕主義網路分布及神祕主義者社群政治性的描繪時，它的價值卻是無可比擬的。

參與觀察者的自我

參與觀察者與田野對象間的關係，和參與觀察者的自我概念是相互連結的。你對於自己的看法，影響你和圈內人產生連結的方式，因此，也影響人們對你的反應。你的自我概念會影響參與者角色表現、資料蒐集以及研究的其他方面。

在進入田野研究環境時，參與觀察者通常都對研究帶有高度的興趣、好奇以及興奮。這些感覺時常都會混雜恐懼和憂慮。參與的行為可能會造成我們對某些特定情境、人物、甚至整個研究環境的失望、幻滅、清醒、厭惡、甚至痛恨。由公開式參與導致的疏離感可能會讓你完全無法忍受。密集的隱密式參與可能會要你付出更多的心力，因為，你必須扮演成員的角色，可能甚至得要努力維繫各種虛假的面具和偽裝。

不論你是如何小心的讓自己獨立於田野工作的日常現實之外，你還是會受到它的影響。舉例而言，Wiley（1987）在往來她所參與的心理健康研究環境，以及她自己的日常生活世界之間時，便曾體驗過這種迷惑及困擾。我們必須預期這些感覺和它們所帶來的後果。一位願意傾聽參與觀察者訴說他的日常生活經驗，特別是問題情境的同事或朋友，對參與觀察者是很有幫助的。你也可以利用錄音來傾訴你的感覺，並且，在筆記中進行討論。日後，你將因此得以重新審閱這些材料，同時，評估這些感覺如何影響你和你的研究（Johnson, 1975）。

摘 要

對於蒐集正確及可信的資料而言，建立並維繫參與觀察者與田野研究環境圈內人間的關係，是極度重要的工作。這個過程和我們在日常生活中的社交活動並無不同。它包括交往、聆聽、觀看或使用其他祕訣。為了根據信任及合作來建立並維繫關係，我們必須慎重地使用常識能力及獲取一致性的策略，在特殊的情境下，和人們交朋友。這些策略包括保持開放的態度並願意聆聽、尋找共同的興趣、自白、以及藉著共同的參與行為而建立共同經驗。田野關係涉及人與人之間物質及非物質物品的交換。參與觀察者可以提供金錢、服務或友誼，以交換圈內人的合作。

　　並不是所有的圈內人或情境都會對你的努力作出正面回應，並發展出合作關係。然而，參與觀察者所遭受的負面回應有時也會提供有用的資料。參與觀察者應對可能存在的政治性複雜度保持警戒，同時，也要注意參與的道德觀。讓圈內人和研究者之間保有適當的交換率是相當重要的。參與觀察法一般都會被研究者的自我形象影響，也會影響研究者的自我形象。對於有關自我概念及感覺的潛在性問題，我們可以向同事和朋友傾訴，在筆記中記錄、討論，並且，在能夠讓自己抽離這些問題時，再反應出這些問題。

練習

▶　選擇一篇例示參與觀察法之期刊文章或書籍（使用列於第一練習中的期刊，或列於本書最後的參考書目）。試論述研究者用來建立並維繫田野關係的方法。這些關係的合作及信任程度如何？這如何影響其所蒐集的資料？研究者在建立並維繫關係時，是否曾遇上特殊的問題？如有，他們又是如何處理這些問題？

▸ 簡單審視你的人際關係。這些關係涉及那些不同程度的信任及合作？試論述它們是如何以交換作爲基礎。列出你在與人互動方面的常識能力可用於參與觀察研究的數種方法。

▸ 選擇一個參與觀察研究的環境（如學校、醫院、教堂、銀行、公司）。試論述，你會如何和這個環境中的圈內人建立並維繫合作及信任的關係。你可能會遇上那些問題？它可能涉及那些政治性及道德性的議題？你會如何處理這些問題？

▸ 和研究對象之間缺乏一致性是資料蒐集的嚴重障礙。另外一個比較不嚴重，但有時也會造成障礙的問題，便是和圈內人有太深的涉入參與行爲，也就是所謂的「過度一致性」。試列舉並論述缺乏一致性或過度一致性可能會如何影響參與觀察研究的發現？如有需要，可以使用你的人際關係作爲實例說明。在這些問題中，你認爲何者比較嚴重？你會如何處理這些問題？

6

觀察及蒐集資訊

　　本章將說明並例示觀察及蒐集資訊的策略。在參與中觀察，是蒐集資訊的主要方法。參與觀察者也會用到訪談來蒐集資料，有時還會使用問卷。人類的通訊，特別是文件、人造物件、以及個人經驗，可以為我們提供更多資訊來源。

參與時的觀察

　　觀察始於參與觀察者和潛在性田野研究環境接觸的那一刻。除了蒐集資訊之外，這些大量無焦點式初步觀察的基本目標，就是要讓研究者對圈內人的世界更為熟悉，好進一步修飾並集中後續的觀察和資料蒐集。盡快記錄這些初步觀察的結果是相當重要的。因為，你絕不可能再有另一次的機會，用完全陌生的心境來體驗研究環境。

無焦點式觀察

在研究開始時，我們必須對所有意料之外的體驗，抱持開放的態度，甚至是當你在這個研究環境中已有先前的經驗時。先前的經驗和認知可能會有不當、偏見或錯誤。如果先前的經驗和認知受到直接觀察所得結果的證實，你會得到更有力、更為經驗性的事實證據。假如無法得到證實，誤解便可以獲得修正，而你也可以重新發現新的事實。

在進入新的情境或環境時，先要找出這個人文景觀中的一般特性。基本上，就是要我們去了解並學習大部分人的日常生活行為。找出這個物理空間的主要特徵：這是什麼類型的空間（或建築物）？它在其他這類型的建築物中，是否屬於典型？或者，它是不是有點不尋常？這個空間如何組織？它是不是異常、甚至奇怪的？這個空間或建築物內有那些類型的事物？空間如何使用？藉著這類問題，你應該可以描述出空間或建築物的物理輪廓，因此形成對它的印象。

同樣的策略，也可以用在熟悉及蒐集有關人和事物的資訊。共有多少人？再進一步觀察他們的外貌：他們的年紀多大？性別為何？屬於那個民族？他們的穿著打扮如何？你可不可以看到某些社會地位的標誌，分類或用目視分辨這些人是不是男女朋友或夫妻？這些人有沒有什麼特殊或顯著的特徵？

這些人在空間中的排列或組織形式為何？你是否能夠根據觀察的基礎，判斷出這些存在個體間的關聯和關係？舉例來說，他們的排列分布是不是成雙成對？成黨成派？以家族為單位？或者，是不是有其他可見的模式（例如，年齡或性別）？這些人在做什麼？這是什麼類型的集會？這是不是典型的事件？或者，它是否在某些方面不太尋常？你在這個環境中的感覺如何？你會不會覺得，有些事情是你無法用觀察的方式確切說明的？

這些問題明顯不能詳細論述你的研究主題。然而，它們卻可以為探詢人類環境中各種可能有趣問題的方式，提供一個概略的模型。記住，除了蒐集資訊之外，初步觀察的基本目標便是熟悉環境。

直到你開始對環境中的事物產生概略印象之前，你在研究環境中的直接參與都應受到限制。理想狀況下，你的存在應該不為人知。然而，這套策略的關鍵，便是先迅速產生對研究環境的「關心」，然後再試著以盡可能不造成干擾的方式融入環境。當然，這需要你的部分參與。舉例來說，在大部分情境下，拒絕回答直接的問題都會被視為一種無禮的行為，而你的接觸便可能因此遭到拒絕。在你不確定該如何表現時，照著你所扮演的角色在研究環境中原本應有的行為來做，通常會是明智的抉擇。

焦點較爲集中的觀察

在你變得較爲熟悉研究環境之後，你就應該開始把觀察的注意力，集中在某些特定的研究目標上。你所選擇的觀察焦點，應該是從研究主題和問題衍生而來的。集中觀察範圍的策略，是從範圍最大的現象開始，再漸漸將你的注意力限制到某些特定的現象。換句話說，什麼是你只要去看、去聽，就可以得知的現象資訊？你所得到的資訊，可以用來說明較特定的研究目標。也就是說，先前的觀察，應該可以在研究的現象中，形成一個你希望用更具體、更有系統、更詳細的方式去觀察的目標。這套觀察、分析、重新定出焦點、再次觀察的流程，在探索和修飾研究問題的過程中，可以不斷重複。當然，你也要同時蒐集並記錄下具有潛力的重要觀察結果。

還記得，我（1979）對神祕主義的最初研究興趣，是在占卜預言的行爲。在尋找研究環境的過程中，我發現到專賣神祕主義相關書籍和用品的專門店。對這些商店所作的觀察，讓我取得了一份清單，包括神祕主義圈內的個人、族群、以及當地神祕主義者的「社群」。針對這個社群所作的觀察，讓我取得對於這個普及的信仰環境，以及對於神祕主義族群間與神祕主義者間社會網路的概念。針對這些網路所作的觀察，讓我得以將神祕主義者的社群分成數個部分。針對這些部分所作的觀察，讓我辨識出其中的個體及族群。而針對這些族群和個體所作的觀察，則讓我能夠描述出他們特殊的信仰、行爲以及意識型態。因此，簡單來說，一開始的初步觀察為我們帶來其他可能的目標研究對象。將注意集中在這些研究對象上所作的觀察，則為我們辨識出其他的目標觀察現象。一而再、再而三，不斷重複這似乎永無止盡的觀察、分析、重新定義、以及再觀察的循環。

　　焦點較為集中的觀察，應該會造成和研究對象間更為深入的參與行為，特別是會涉及非正式的交談和非正式的詢問。到了這個階段，在大部分的研究環境中，你便都已經和研究對象建立起某種程度的互動關係。這種互動關係可能大部分都是在扮演假設的角色，或是扮演潛在性的圈內人。但是，幾乎每一次產生互動的情境，也都是一次機會，讓我們去認識某些與研究問題相關的事物，不論是概略還是具體的認識。無可避免的，這在一開始時會非常困難。你可能無法順利的一邊扮演參與者角色，一邊進行像是隨意提出問題的動作。當你能夠自在地扮演參與者角色時，也就是說，當這樣的角色扮演，已經變成一種日常行為時，集中注意力來提出特定問題的行為，就會變得較為容易。

　　和概略性的觀察相同，提出詢問及非正式的交談也需要某些技巧（Douglas, 1985）。提出問題時須注意幾個要領。非強迫性、非正式的詢問就和日常生活的一般交談相似（Cottle, 1977）。你的問題應該要和當時情境中已經存在或隱含的主題、背景或事件相關。善於交談的人一般都不會違反這個提出話題的規則，他們也遵守類似的規則來輪流發言，或認可他人加入談話的權利。根據社會背景的不同，有些話題是適於討論的，而在某些特定的情境下，某些話題卻是不適當，甚至無禮的。

　　舉例來說，與他人的性行為相關的問題，只有在已經非常親密的朋友之間才是恰當的。甚至在這樣的情況下，某些特定的問題仍可能會有風險。善於交談的人也知道，我們通常都必須表現出願意，甚至渴望聆聽他人談話的態度，才可以獲得提出問題或用其他方式參與交談的許可。「聆聽」是非正式交談型資料蒐集法的主要特徵。在這個方法中，問題的提出最好是用來讓人們繼續發言，建議進一步討論某個特定主題，或者，非常小心地將談話導向特定的目標話題。

訪談

　　在提出敘述性的問題時，我們必須和圈內人建立起良好的一致性關係（Blau, 1964）。對他人施壓，同時，用那種會讓他們感覺不舒服的態度來提出問題，是非常不智的舉動。請求他人提供協助來讓你了解某些事物的策略，非常適合用來接近圈內人。讓他們覺得自己好像擁有某些特殊的認知，而且，對你的研究非常重要。要求圈內人重複敘述的方式相當有用。你可以藉此讓他們覺得，你對他們說的話非常感興趣，而且，想要尋求更深入的了解。這對重新檢視研究目標，同時修正可能存在的誤解而言，也相當有用。

　　同樣的，重複他人所說的話，好讓他們得知你所聽到的內容，也是一種相當有用的策略。你可以藉此進一步表現出你想了解的興趣，建立起更為一致性的關係，也讓受到詢問的人有機會去修正、補強、釋義或用其他方法來澄清事實。我們應該避免問到「為什麼」，也不要去要求他們解釋這些事情的「意義」（Spradley, 1979, p.81-83）。這類型的問題通常都會為人們造成壓力，同時，傳達出價值批判的意味。這可能會讓圈內人產生防禦心態。除非你的目的便是如此，不然，「何事」、「何時」、「何地」，特別是「如何」這些類型的問題，比較可能為我們提供敘述性的資料。例如，在解釋他們「如何」做某件事情的時候，人們也通常都會談到他們為什麼會去做這件事情，這件事情對他們的意義又是如何。

　　我們不太可能一邊完全不讓圈內人產生防禦心態，一邊繼續提出相關的問題。有些時候，甚至在你已經小心避免這些情況發生的同時，人們仍然會感到憤怒或是覺得有壓力。在部分情形下，或許，在測試資訊的正確性和一致性時，對人們施壓，讓他們產生防禦心態，也是一種有用的策略。有時這完全沒有關係，因為受訪者早已對你懷有敵意。施壓性的問題帶有高度風險。在面對施壓性的問題時，人們可能會撒謊或拒絕作進一步的討論，因而造成不良的資料或是訪談的結束。

　　在觀察和交談的過程中，你很可能會遇上一些用來形容人物、地點、事件、活動等等的描述性詞彙——用日常生活的語言或術語來表示的詞彙——而你懷疑它們是由多重的意義、部分或層次構成。爲了得知這類詞彙的意義，你必須要問，這個詞彙中包含了什麼，或者，這個詞彙是由那些部分構成。提出詢問的重要方向便是找出圈內人所討論事物的部分、組成分、範疇、語句、層級等等。如上所述，在我（1979）試著了解「密教社群」的過程中，便曾大量使用到「這個現象包含什麼」這類的問題，因此，解開它的多重意義和層級。

比較性和比對性的問題是提出詢問的另一方向。簡單來說，比較性的問題要求人們說明不同事物間的差異。用於比較和比對的問題，在理解那些事物屬於或不屬於某一種類的過程中，提供了很大的幫助。它們也爲辨別事物間的相關性和非相關性，提供了有用的工具。

非正式的訪談

非正式的訪談類似非正式的交談。它們和非正式交談之間的主要差異，便在於它們具有問答形式的具體特徵。在非正式的訪談中，你會向圈內人提出與目標事件相關的問題。和平常的交談相似，詢問的方式是非正式的，自由發展，不受討論話題和討論方式的預設立場阻礙。你可以預備一套概略的討論議題，但是，和較爲正式的訪談不同，你並不須要在每次訪談中，都使用完全相同的方式，提出完全相同的問題。從非正式的詢問和訪談，到較爲正式的訪談策略之間，我們必須和圈內人建立相當程度的一致性關係，而這些圈內人也必須願意為你的問題付出他們的時間和心力。不同於非正式的詢問，一項非正式的訪談可能還會包括訪談者使用紙筆或錄音，記錄交談內容的可見性努力。

使用非正式訪談的方式，你可以進行系統性的資料蒐集。通常，你對目標事件都會有一個概略的看法，同時，想進一步確認圈內人的觀點。藉著對不同的答覆者提出相同的議題組，你可以系統性地蒐集到這些議題的相關資料。非正式的訪談特別適合用來找出圈內人的不同觀點。

正式的訪談

正式訪談和非正式訪談間的不同，便是它使用到一套經由結構性安排的預定問題。藉著這套預設問題，你可以對不同的圈內人，用完全相同的方式，一遍又一遍地提出完全相同的問題。因此，正式的訪談可以非常系統化地產生極度均一的資料組。在這種訪談的形式中，你必須明確認知那些是相關的問題。它的前提也須要你和圈內人建立起一致性的關係，因而能夠要求他們進行正式的訪談。因為這些理由，正式的訪談最適合用在田野研究的後期。有些時候，正式的訪談可以迅速而有效地蒐集那些和研究相關，但卻不是中心人物之圈內人的相關資料。

在我對神祕主義的參與觀察研究中（Jorgensen, 1979; Jorgensen & Jorgensen, 1982），我便曾和當時進行研究的區域中，所有同意接受訪談的塔羅牌預言者作了正式的訪談。

由於塔羅牌的超自然力量和塔羅牌的預言者已經成為我的研究焦點，我便想要針對這些塔羅牌預言者本身、他們使用塔羅牌的情形、以及他們對於塔羅牌預言的看法，蒐集均一性的資料組。我也曾使用正式訪談的方法，取得神祕主義社群中某些特定族群的均一性資訊組。在我已經系統性地對我在田野研究中所遭遇的特定族群進行記錄的同時，許多計畫中的其他族群卻還不曾有機會接受正式的研究。因此，我只好盡可能地尋找那些可用電話聯絡上的各族群代表，並對他們進行訪談。這個方法對於蒐集深入性的資訊而言，並沒有什麼特別的用處。但是，它卻非常適合用來蒐集有關特徵信仰、族群使用的行為、和其他族群間的關係、估計的成員數目、以及成員的一般性特徵（年齡、性別等）的均一性資料。

正式的訪談和結構性的問卷相當類似。這些工具都是由一套標準的問題組構成。問題的答案可以安排成開放式的類型，讓作答者提供自己的答案。然而，一般而言，作答者都被要求在由研究者預先定義的固定數量答案中，作出強迫性的選擇。研究者在面對面的情況下，或在其他近似的情況下，如使用電話，執行訪談的時間表。問卷則是一種自我執行的工具，可以由作答者自行完成，不需要研究者的協助和面對面的接觸。因此，問卷讓研究者可以在不實際出席的情形下蒐集資料。研究者可以把問卷留給受訪者，並在之後重新取回，或由受訪者交回。問卷的分法可以由研究者、研究助理、志願工作人員等分發，或甚至經由郵局寄發。

正式訪談和問卷的優點包括蒐集極度均一性資料組、使用研究者較少的研究時間而接觸較多的人（與參與觀察法相比），使用較爲量化的檢驗技術。和參與觀察研究中的其他資料蒐集法相比，正式訪談和問卷所產生的資料，一般都不太能作屬性說明。用這兩種方法取得的資料，通常都較爲表面、較難解釋、也較容易讓人察覺使用這些方法進行研究時可能遭遇的困難（Douglas, 1985）。我們最好只把正式訪談和問卷當作參與觀察研究中的輔助性資料蒐集工具。在這些限制前提下，正式訪談和問卷可以是蒐集資料的有效方式。由於研究者對研究問題所具有的參與者熟悉度，我們可以把單獨使用這些技術時的相關問題——問題和答案與圈內人間的相關性、答案的真實性、作答者的誠實度等——減到最低。

Fine（1987）便曾使用問卷來輔助他的參與觀察研究，蒐集有關小聯盟的資料。Peshkin（1986）曾藉著多位助理的協助，系統性地從基督教基本教義派教會學校的學生身上，蒐集均一性的資料組，因而輔助參與觀察研究的進行。Fischer（1979）也曾在有關青少年懷孕的參與觀察研究中，和青少年們進行非正式和正式的訪談。

深入性訪談及生活史

參與觀察研究時常使用的一種特定訪談形式，便是深入性訪談，或稱爲深入性調查（Douglas, 1976, 1985）。深入性訪談的進行非常仰賴非正式的訪談技巧，但是，它們也可能包括一些較為正式的訪談，甚至問卷。深入性訪談和其他策略間的不同，在於它使用詳細而廣泛的細節來探索特定的事物。為了達成這個目的，深入性的訪談可能耗時兩個小時、三個小時、甚至更久。同時，它也可能會在相當長的一段時期中持續進行。換句話說，同一位受訪者可能會在幾天、幾週、甚至幾個月中，在不同的場合裡接受訪談。

　　當參與觀察研究已經找出一些特別了解研究目標的特定對象時，深入性的訪談特別有價值。「資訊提供者」，我們有時候如此稱呼這些人，對我們的研究目標事物有廣泛的認識，而他們也可能願意談談這些事情，或願意接受徹底的訪談。

　　在研究神祕主義時，我的塔羅牌老師，舉例而言，便是一個這樣的人。他對神祕主義的參與，已經有三十年以上的經驗。他非常了解當地神祕主義社群的情形。同時，他也曾在其他地方參與過類似的神祕主義社群。基於我倆的深切友誼，他願意和我長談。我們的談話常常長達三、四個小時。而我也可以隨時打電話給他，尋求我所需要的資料，或是澄清特定的問題。

　　主要的資訊提供者常常也可能變成能幹的圈內觀察者。一旦他們了解你的研究目的，他們便能夠，也願意協助你蒐集資料。有時候，研究者甚至明白地培養這類型的關係，把資訊提供者變成田野研究的助理。Hughes（1977）便曾讓一群從前的吸毒者擔任參與觀察者，蒐集有關吸毒情境的敘述性資料。同樣，Zimmerman 及 Weider（1977）

也曾利用學生作為資訊提供者及田野研究工作者,研究毒品次文化。

　　深入性的訪談可能會讓我們想去了解某個圈內人,或是某些圈內人的全部生命歷程。當發生這種情形時,我們所要使用的研究方法便是生活史(Bertaux, 1981)。這種方法最先是由 Thomas 及 Znaniecki(1918-19)提出。他們蒐集了一位波蘭裔美國農夫的生活史,藉以研究移民者對都市生活的適應情形及較大的社會變遷過程。生活史在有關罪犯和犯罪生涯的研究中,產生了相當大的助益。Sutherland曾藉由深入性的訪談和生活史這兩種方法,對職業竊賊進行研究(Sutherland & Conwell, 1967)。Klockars(1974)亦使用參與觀察法和訪談法,蒐集職業收贓者的生活史。Dollard(1937)亦曾在其對於「南方城鎮中之社會階級」的研究中,廣泛蒐集「黑鬼」的生活史。

文件及人造物件

　　在參與觀察研究中,大部分的研究者都會遇上許多類型的人類通訊,特別是各種文件,以及其他的人造物件,從工具、機器、服飾,一直到工藝品和藝術品不等。這些人類活動的產物極可能為我們提供豐富的二手研究資料來源。在某些情形下,甚至會是一手的研究資料來源。在大部分情形下,這一類型的資料都代表著與人類意義一同成熟的天然現象。

Manning（1977, 1980）曾經在有關警察的參與觀察研究中，大量使用多種形式的通訊（電影、電視、報紙、雜誌）。Johnson（1975）曾經藉由記錄和案例檔案來輔助其有關福利工作者的參與觀察研究。Bromley 及 Shupe（1979）亦曾在他們的參與觀察研究中，大量仰賴多種由邊緣信仰族群及其對手印製的文件（Shupe & Bromley, 1980）。

在我所研究的密教社群中，有許多不同形式的文件（Jorgensen, 1979）。美國神祕主義的基礎建立在大量的文獻發表上。西方文化的傳統，至少可以回溯到文藝復興時代。我曾廣泛地閱讀這些文獻，把重點放在塔羅牌預言的社會史上，以引導研究材料的選擇。這些文獻為特定的神祕主義範疇，如塔羅牌，及其預言行為，提供了概略的背景。而這些文獻也大略地讓我準備好去進一步了解圈內人的意義及行為世界。

一共有三個組織穩定提供有關當地神祕主義社群的文字資料。這些珍貴的文件包括了倫理及行為的規範；組成該社群及特定的網路和部分的相關群體及個人名單；說明正確信仰和具體行為的文章；有關該社群的政治面及其與社會之間關係的社論；以及有關知名的當地領袖和預言者的自傳式資料。這些材料為參與觀察研究及訪談提供了非強制性的支持證據，也為我們從參與觀察研究及訪談取得的研究發現提供了說明。

在許多情況下，所謂的「文件」並不限於文字資料。在密教社群中，我便曾蒐集到占卜結果的說明、信仰及行為的指示等錄音記錄。有些神祕主義者甚至會保留占卜行為錄影帶及目標事物的幻燈片和照片。和文字資料相似，這些資料也大量豐富了衍生自參與觀察法的研究發現。

除了蒐集各種文字資料之外，我還開始蒐集塔羅牌，大部分由當地的專門店或特殊族群取得。假如它們成為我的目標研究問題，我還可以在這個研究還經中蒐集許多其他的人造物件，如珠寶、圖畫和其他藝術作品、以及各種執業工具（水晶，包括用於預言的水晶球）。這些人造物件有時可以作為研究這些物件本身的特殊基礎，不只是作為其他研究發現的支持證據。

Altheide（1976）曾在有關新聞製作的參與觀察研究中，大量使用錄影帶和報紙。在這個案例中，文件大量增加了使用直接觀察法和訪談法蒐集而來的資料。相反的，Altheide（1987）說，參與觀察法增進了他對這些文件的理解和分析。

個人經驗

由直接參與圈內人的世界而衍生的個人經驗是非常珍貴的資料來源，特別是在研究者已經用了圈內人的身分，扮演成員角色。或用其他方法體驗生活時（Adler & Adler, 1987）。藉著成為一位成員，研究者創造出成員經驗。身為研究者，你應該要對個人經驗作適當的批判——就像你對其他任何資料一樣。但是，和其他成員經驗相較，你的經驗——因為是你個人的經驗——卻應接受更嚴厲的批判檢驗。

在研究神祕主義的過程中（Jorgensen, 1979），追尋者、客戶、預言者的角色，為我提供了不同成員立場的圈內人世界經驗。這些個人經驗大量協助了我對這個密教社群的描述。塔羅牌預言者的扮演是最有價值的資料來源。在完全扮演這個角色之前，我對占卜的文化只有模糊的概念。例如，我已經可以找出正式的倫理規範、執業的非正式綱領、以及占卜的技術流程。但是，作為一個圈內人，這些資料有了新的意義。我學到預言者對於客戶的概念、執業的非正式基準、以及許多把較為正式的社會結構轉變成日常生活的方法。

圈外人認為神祕主義涉及欺騙的看法獲得新的意義（Jorgensen, 1984）。我從個人經驗中發現，預言者都知道，也都仔細讓自己的呈現方式創造出一種印象，好讓人覺得某些非比尋常的事情正在發生。但是，他們卻以明顯欺騙的行為為恥。他們會避免使用某些人用來欺騙客戶的「冷酷預言」（cold reading）技術。由於大部分預言技術的理論及結構——不論這些技術最終的存在地位為何——都會提供一些方法產生完成預言的真誠感受，大部分的預言者都幾乎不會用到欺騙的手段。至少，和使用已知的方法預言過去、現在、未來的行為相較，欺騙是較難掌握的表現。

因此，個人經驗就許多方面而言相當珍貴。藉著自己的親身經歷，我們可以從圈內人的角度來獲得真正的感受。

不然，我們很難去研究情緒和感覺。個人的經驗便成為一種主要的途徑，讓我們進入這個在人類存在中佔有絕對重要性的部分。在這個基礎上，我們可以對特定的生活方式，產生新的認識。例如，我便曾使用個人經驗作為新的問題來源，再進一步向圈內人尋求答案。同時，個人經驗也提供一種方法，讓我們確認從前的非個人性和抽象意義。對我來說，使用個人經驗確認資料，因此對目標研究對象的特定細節產生完全的認識，是一件非常重要的事。

摘要

　　參與觀察法用觀察作為蒐集事實的基本策略。直接的體驗及觀察是這個方法的主軸。參與觀察者所使用的策略包括訪談——從極度非正式、非正式的交談，到正式的訪談不等——及問卷。參與觀察者通常都可以接觸到許多不同的人類通訊和人造物件。人類通訊，特別是用文件形式存在者，包括信件、日記、備忘錄、各種文字記錄、宣傳文字、書籍、雜誌、以及報紙。在大部分的人類環境中，我們也可以蒐集到其他的人造物件，如服飾、照片、藝術品及工具。觀察和其他蒐集資料的策略，都是參與觀察者用來集中及修飾研究主題的總體研究方法中的一部分。

練習

▶ 選擇一個環境進行觀察（學校、教堂、酒吧、法院、
銀行、家庭、俱樂部等能夠輕易取得的環境）。用大
約一個小時的時間觀察這個環境，並記錄你的觀察結
果（作筆記）。試從：你觀察到那些事物，為何你把注
意力放在這件事物而非其他事物上，你選擇記下那些
東西等問題，討論你的觀察。你在進行觀察時，是否
曾遇上任何問題？討論你所遭遇到的困難。

▶ 找出一個目標話題及數位相關人士進行訪談。對至少
一個人作非正式的訪談。利用這些資料建立簡短的訪
談流程，再和另一個人進行正式訪談。比較由非正式
和正式的訪談策略蒐集而來的資料。這些方法的優點
和缺點分別為何？

▶ 從文獻中選擇一項參與觀察研究的實例。研究者如何
使用直接觀察、訪談、個人經驗、文件或其他方法？
這些方法分別蒐集到那些種類的資料？簡單討論這些
資料蒐集法的優點和缺點。

▶ 我們曾在本章說到，個人經驗是資料的珍貴來源。從
你自己的經驗和生活史中，列出個人經驗對於你的求
學經驗所造成的幫助。個人經驗是否比其他形式的資
料更有價值？為什麼？

7

筆記、記錄及檔案

　　本章將介紹製作、建立及保留筆記、記錄和檔案的原則和策略。我們將討論適於製作筆記和檔案的技術。我們也將論述並例示各種筆記、記錄和檔案的基本形式。

筆記和記錄

　　製作筆記、保留記錄及建立資料檔案是參與觀察法中幾個最重要的部分。在逐漸融入研究環境中時，我們很容易會把注意力放在觀察和參與上，反而忽略了筆記和記錄。

這是不對的。人類的記憶是不可靠的，就算是曾經由田野工作的經驗而獲得發展及訓練的記憶也是一樣。越晚記錄觀察結果，意識中遺忘的部分就越多。有時候，可能永遠也找不回來。在田野環境直接參與的同時，或在參與結束後極短的時間內，經常性地製作筆記和記錄的重要性，絕對沒有言過其實。

筆記的種類、形式和內容，根據個人的喜好及風格、研究主題、觀察的環境及情境、及所用的技術而各有不同。你應該要記錄日期、時間、地點，重要參與者的地位、角色和行為、以主要的活動和事件。非正式的交談和訪談應該要有記錄。把個人的感覺、預感、猜測和懷疑記錄下來會非常有用。筆記和檔案可以是手稿記錄、打字記錄、照片、錄影器材和錄音帶的記錄、或是經由電腦處理的記錄。一旦建立完成，我們便必須整理及分析這些記錄。

理想狀況下，你的筆記應該可以為田野研究環境中的任何事物提供文字記錄。但是，實際狀況明顯並非如此。你可能會遇上許多困難，特別是在田野研究的初期，甚至連決定那些事情值得記錄都會產生問題。那麼，你該從那裡開始呢？

有關研究環境的事實

有關研究環境的事實是開始進行記錄的最佳起點——那些時常不被人注意，或時常被視為理所當然的一般性特徵。舉例來說，藉著描述周圍的物理環境、人物的特徵及活動，你可以逐漸清楚意識到環境最明顯的特徵，同時，也可以試驗並練習製作筆記和記錄。在田野環境中，把參與及觀察的重點作成流水帳或年表式的記錄是非常有用的。你至少要簡短地記下事件、原因、相關人士及地點，也要記下你對這些事件的分析意見。就算你不能在筆記中提供事件的詳細說明，這些記錄也可以讓你在後來回想起可能相當重要的主題。

例如，你可以從物理環境的描述開始著手。研究環境的物理位置為何？如果是一棟建築物，它的佈局如何？人們又是如何使用這個空間？同樣，你也可以大略描述社會環境。一共有多少人？這些人的社會特徵是什麼？你是不是可以分辨或蒐集到有關這些人的年齡、性別、民族、社會經濟地位、教育程度、職業狀況等等的資料？這些人如何分布在這個環境中？他們在做什麼？這些人的關係為何？他們的活動如何組織？事件的發生是不是有什麼順序或模式？這些人的信念是什麼？很明顯，特定的田野環境可能會暗示出許多可能的特定目標議題。

舉例來說，在 Hayano（1982）對撲克玩家的參與觀察研究中，早期的田野筆記都是偶爾記下來的，看起來有點隨便。他常常都要花數個小時的時間，來往撲克牌賽的研究情境。因此，最後他決定利用這些時間，更規律、廣泛、系統性地來作錄音田野筆記。同樣，Altheide（1976）也利用錄音的方式，記錄他對電視新聞製作的觀察結果。在一天的參與觀察後，他會用錄音機錄下這一天發生的事。然後，他會聽自己的錄音，記下任何當時看來重要的事情。

我也常在對神祕主義者作了一天的觀察後，用數個小時的時間，把觀察結果用打字機作成田野筆記（Jorgensen, 1979）。和 Hayano 相似，我的早期筆記也是不規律而且沒有系統的。在製作筆記的時候，我會把對觀察結果和經驗的描述和大量的分析討論混在一起，經常性的重新定義並集中研究主題。儘管這些筆記仍然相當粗略，但是，它們卻已經有了研究報告的雛形，因為其中包含許多對於理論和資料的討論。

中心話題及問題

在短期的田野工作後，你可能會開始發展一套研究目標的優先順序。你會找出一些問題，引導後續的研究和觀察。儘管這些問題可能在你集中並重新定義研究問題的同時，也會不斷改變，但是，在任何一個時間點，你都應該要能找出特定的研究目標主題或問題。你的筆記應該要集中在這些主題和問題上，不論什麼是你的研究主題／問題。

至少直到你對研究問題有更確定的概念之前，只要你有時間、能力和精神去作，你的筆記便應該要盡量的全面及廣泛。製作筆記時，不要害怕發揮彈性和想像力。有時候，你會發現，讓自己從一個簡單的目標概念或事件開始，再看看這個起點會把自己帶到那裡去，是一個不錯的方法。某些時候看起來並不重要的事情，常常會在後來變得相當重要，或是造成重要資料的取得。

筆記的製作不僅重要，也相當耗費時間。每做一個小時的田野研究，你可能就要花兩、三個小時、甚至更多的時間來描述及分析你的經驗和觀察結果，特別是在使用文字製作記錄時。你當然不該忽略田野工作，但是，筆記的製作和觀察通常都是息息相關的。把觀察結果作成記錄，可以幫助你澄清和整理自己的思緒。它常常可以讓你找出對後續的觀察研究具有重要性，卻一直被忽略的事情。換句話說，根據這些認知來進行的田野工作，將可以帶來新的記錄材料、新的分析以及後續的觀察。

當研究主題和問題獲得更明確的定義時，你的筆記便應該更系統性地集中於這些研究目標的詳細描述上。你必須精確而詳細地記錄日常觀察結果、非正式的交談、非正式的訪談等等，特別是正式的訪談。和所有田野筆記相同，這些觀察結果應該要和互動對象的現實狀況密切連結，特別是語言。無論何時，和圈內人進行交談的目標，都要盡量放在提供全面，甚至是逐字逐句的記錄上。舉例來說，我便曾利用錄音機，逐句記錄塔羅牌預言的內容（Jorgensen, 1984）。

在某些情況下，你可能不得不依賴記憶。經由練習，你應該逐漸能夠熟練地回想起事件發生的順序、交談中所出現的句子、甚至是人們實際使用的語言。回憶的動作最好是在田野工作結束後的數分鐘或數小時內完成。有時候，我們可以在正式製作記錄前，先作一些小筆記，然後，再去做一些其他的事情（如睡覺）。這種策略在研究者深入觀察情境的時候特別適用。因為，和事件保持一點的距離，反而可以讓事件變得更為清晰。但是不要等得太久。因為，在過了一、兩天後，你會忘記大部分觀察經驗的細節。在回想田野經驗時，把自己的心智狀況帶回研究情境，一邊作筆記，一邊用想像重組事件，可以產生相當大的幫助。

把發生過的事件告訴另一個人也可以達到同樣的效果。找一個願意規律性地聽你講述事件的朋友、同事、配偶、或指導者是相當有用的。和目標族群討論也很有幫助，如果他們會問問題、提出討論主題的話。藉著這種方式，你可以找出那些原本被忽略的事件和原來沒發現的主題，對那些已經變成例行公事的事情產生新的認識，或者，得到證實預感及懷疑的機會。舉例來說，Adler 夫婦便曾用很多時間討論他們對販毒所做的參與觀察研究，並和他們的指導者 Douglas 討論，進而分析這些資料（Adler, 1985; Adler & Adler, 1987）。在 Rambo（1987）對脫衣舞孃進行參與觀察研究的過程中，每個禮拜，我也都曾花五個小時以上的時間，聽她講述觀察結果。

在大量觀察過職業撲克玩家後，Hayano（1982）開始把注意力放在觀察及記錄田野研究環境的特徵上。他開始把撲克玩家如何選擇賭場和牌桌、如何定義其他的玩家、玩牌的策略、幸運和不幸的徵兆等主題，當作研究的中心問題。因此，他的筆記也就偏向使用圈內人的一般用語來描述這些活動範疇及活動本身。換句話說，Hayano 仔細聆聽圈內人的談話，並用這些語句，記錄玩撲克牌時最重要和最不重要的事情，以及撲克玩家賦予玩牌這件事情的意義。這個研究環境中有大量公開的牌桌談話，而這些談話也成為 Hayano 觀察和記錄的基礎。因此，他並未對目標對象進行什麼正式的訪談。

在 Preble 及 Miller（1977）開始研究大規模的美沙酮（methadone）持續治療計畫對吸毒者的生活所造成的影響時，Preble 及 Casey（1969）已經長時間地參與了海洛因吸毒者的參與觀察研究。因此，他們非常確定研究的基本問題和主題。除了對於都市吸毒者次文化的研究興趣之外，Preble 及 Miller 也使用參與觀察法蒐集人口統計學的資料：他們在研究區域的街道上。逐一計算吸毒者的數目，記錄年齡、性別、民族及吸毒習慣。因為他們在一開始時對蒐集這些資料所抱持的興趣，他們的記錄同樣也反應出高度的確定性。在記錄衍生自參與觀察和各種形式訪談（非正式的交談、重要資訊提供者的正式訪談、生活史）的特定資料時，這個工作小組對於街道生活模式的新發現依舊保持開放的態度。在有了特定的資料蒐集目標時，你可以訂出一套計畫來記錄這項資料，同時，使用自由形式的筆記來記錄預期之外的發現。

感覺、預感及印象

把自己對田野參與和資料蒐集的感覺及印象記錄下來是很有用處的。假如光就治療的目的而言，記錄你的害怕、不安、錯誤、厄運、興奮、成功以及重要成就等就相當有用了。但是，同時記錄你的猜測、預感、懷疑、推測、受到忽視的部分、以及需要後續研究的主題等等也是相當重要的。這些事情的相關筆記，對評斷研究過程、發展未來田野行動計畫、以及初步判讀蒐集而來的資料等等方面都很有幫助（Johnson, 1975; Glazer & Strauss, 1967）。

記錄的技術

　　參與觀察研究的筆記可以用各種技術來記錄。對田野工作者而言，紙和筆有某些程度的用處。然而，機器型的技術，如打字機及日漸普及的文字處理機，卻已經成為田野筆記和記錄的主要工具。錄音記錄有極高的價值，不管是作為一種記錄實際田野對話的方法，還是作為一種筆記形式。靜態攝影是保存研究對象、物品及場所實際影像的絕佳方法。錄影技術則讓研究者可以用一種永久的記錄，同時捕捉語言及影像事件。

紙和筆

　　當你需要簡略記錄事件的時候，紙和筆是相當有用的筆記工具。在大部分的田野情境中，這種技術讓你可以快速記下事件的重點而不會顯得過於唐突。通常，你都可以在無法使用筆記型電腦，甚至是無法使用錄音機的情況下，使用紙和筆來作筆記。

　　儘管利用紙筆來記錄的筆記是不可或缺的，這種筆記的用途卻有嚴重的限制（Whyte, 1955）。和機器列印的筆記相比，手稿筆記既龐大又難以閱讀。我們幾乎不可能用這樣的方法來作逐字記錄式的筆記，就算是用速記也一樣。我們也很難分析這種形式的記錄。在進行正式的分析前，我們通常必須先把手稿筆記轉換成其他形式。對這些記錄進行數個小時的繕打和文字處理等，都是常見的工作。

只有在必須進行某些形式的記錄，而又不可能或不適合使用其他的記錄技術時，才使用手稿筆記。在記錄交談的內容時，錄音是比較好的方法。錄音記錄的製作也比較有效率。人們說話的速度比寫字快，表達的內容也比較精確，然而，手稿和錄音記錄都必須再經過文字處理，才可以進行有效的分析。為了節省時間，你應該盡量優先考慮使用文字處理機。

錄音記錄

錄音工具非常適合用來製作筆記。錄音機很容易取得，相對而言不會太過昂貴，操作也非常簡單。書本大小的標準型錄音機就可以有不錯的效果，特別是在田野環境中。對高度隱密性的田野工作而言，我們也可以取得比較小的迷你型錄音機。目前，錄音機仍然是記錄語言互動，特別是記錄訪談的最佳工具。

錄音機是突兀的。Altheide（1976）的報告中曾提到，他在和電視新聞播報人員進行非正式的交談和訪談時，並不使用錄音機，因為他們有在錄音機前表演的傾向。在某些研究環境中，我們可以讓錄音機的存在變成一種常態。

在一段時間後，人們常常會忘記錄音機正在運轉，或者是把錄音機的運轉視為理所當然。我便曾經可以在不提及研究目的的情形下，把錄音塔羅牌預言內容的行為，變成互動情形中正常的一部分。診療、會議、演講等的內容，通常都是可以錄音的。

在許多的田野工作情境中，我們都可以用錄音機來取代手稿筆記。你可以在參與的同時、在活動中的休息時間、或者在田野參與結束不久之後，用錄音製作筆記。舉例來說，在有關社會福利組織的參與觀察研究中，Johnson（1975）便曾以上述這些方法使用錄音機。

儘管錄音機有這些製作筆記方面的優點，但到最後，不論是要進行分析還是說明，這些錄音帶都還是必須經過轉化。這是一項相當耗時的工作。如果你必須雇用他人來做的話，它也會是一項非常昂貴的工作。在決定是否使用錄音機時，你應該要把這個缺點一併考慮進去。你可能會發現，就算是在你已經決定限制這類型的筆記在研究中所佔的份量時，錄音機對某些特定的目的而言還是相當有用的。

電腦

你可以用打字機來建立田野筆記，但是，這種技術已經被電腦取代了。利用電腦和文字處理機，你可以製作田野筆記，用檔案來管理，同時，分析性地處理這些檔案。幾乎任何形式的電腦都可以使用。攜帶式的電腦讓我們在田野環境中的移動變得相當便利（Kirk, 1981）。如果你還不曾使用過電腦，在短短幾個小時之內，你就可以學到足以開始製作筆記的技術。我們通常可以把電腦連接起來，讓住家、辦公室、共同工作者、同事或是學生和指導者取得聯繫。在製作田野筆記時，電腦裡必須要有文字處理軟體（Conrad & Reinhartz, 1984）。文字處理機讓你可以在把資料用檔案形式鍵入的同時，完成田野筆記。一但完成鍵入的工作，你就可以輕易配合特殊的分析目的，對資料進行複製、排版或是其他方式的處理。

攝影

在需要影像記錄的時候，靜態攝影是一種記錄觀察結果的絕佳方式(Bateson & Mead, 1942; Collier, 1967; Hocking, 1975; Bellman & Jules-Rosette, 1977; Becker, 1981)。攝影記錄的本身很少會足夠。但是，經由照片的協助，我們可以進行更有效的田野工作，也可以提升田野工作的品質。照片可以有效地捕捉田野位置及環境的影像。針對研究環境所作的數小時文字描述，可以縮減至短短幾分鐘的攝影工作。有時候，這些記錄可以保存下重要但不那麼明顯的細節，留待後來分析研究。然而，和錄音機一樣，根據研究環境的不同，照相機的存在可能是高度突兀的，也可能是常態性的。

照相機是視覺觀點的延伸。照片反應出使用者的文化。人們決定要照些什麼、如何取景、如何對焦等等。儘管照片會反應出操作者的社會文化觀，它仍然是一種有用的工具：它可以作機械式的記錄；它不會疲倦；它可以允許比較、分類、分析及釋義，和文字或書寫的記錄相似。雖然，照片或許不是筆記的主要來源，它常常卻是製作筆記和記錄時不可或缺的輔助性工具。除了是一種記錄物理環境影像細節的方式外，攝影還特別適於記錄非文字性的人類情境和互動（Bateson & Mead, 1942; Hall, 1959, 1966, 1976; Birdwhistell, 1952; Vesperi, 1985）。有時候，攝影是和當地人開始建立一致性關係的絕佳方式。換句話說，人們常常都喜歡讓研究者替他們照相。先從公開性的情境開始，再在較為私人性的研究環境中使用照相機。

錄影器材

近幾年來，越來越多的人開始使用錄影器材（影片或錄影帶）記錄參與觀察研究。和靜態攝影不同，這種技術可以記錄移動和行為。在參與觀察研究中，錄影器材的使用具有所有錄音和攝影記錄的缺點。它在大部分的情境下都是具有高度突兀性的。錄影記錄特別適於進行人類互動行為的顯微分析。

在人類互動行為的正常過程中，我們很難精確記錄人類在多黨派情境下的移動和行為，就算同時有好幾位觀察者也是一樣。錄影器材可以產生相當精確和詳細的記錄。如果有需要，我們還可以對這種記錄作重複分析。和靜態攝影相同，移動式的影像記錄也會到受使用者觀點的影響。

在其他可能的使用範疇中（Bellman & Jules-Rosette, 1977），錄影技術曾有效地用於記錄宗教性儀式（Jules-Rosette, 1975）以及學童間的互動行為（Mechan, 1974）。

記錄和檔案

　　參與觀察研究筆記有許多適用的形式。田野筆記和記錄的形式可以是事件的時間表、事件日誌、私人日記、田野工作的結果記錄誌、或是研究發現的初步草稿等。參與觀察者可以單獨使用一種非常簡單的技術，或者使用各種技術，混雜製作筆記的各種方法、各種記錄形式以及各種製作分析性材料的策略。盡量嘗試各種可能適用研究問題及環境的策略，同時，實驗各種新的組合及形式，找出最適合自己的方式。

　　你會規律性地需要一些記錄日常活動的記錄形式。事件的時間表（calendar）對這個目的而言是極為有用的。它可能會是一本經常用來記錄簡略筆記的約會記錄簿或行事曆。有些參與觀察者比較喜歡用日誌（logbook）的形式來製作較為具體的筆記。和時間表相同，日誌是一種依照時間記錄的田野工作記錄。但是，不同於時間表，日誌是較為具體的田野觀察及經驗記錄。

　　傳統上，參與觀察者都會製作一本田野工作誌（field journal）。這本工作誌通常都是行事曆或約會記錄簿與日誌的結合。同時，其中可能包括訪談的結果，以及有關個人感覺及預感的筆記。換句話說，田野工作誌是相當廣泛的田野觀察及經驗記錄。

儘管極少獲得論述，有些參與觀察者會利用針對研究問題而獲得的研究發現初稿來製作田野筆記。研究發現的初稿（drafts）和一般的筆記有非常大的不同，因為資料在其中被視為研究所得分析性體系的一部分。田野筆記通常都是根據時間、日期、環境以及特殊的觀察結果或經驗來排列。但是，研究發現的初稿卻是圍繞理論主題排列。

大部分的參與觀察者可能都會在真正的田野工作結束之前，便開始撰寫研究發現，不論他們是否把這些初稿視為一種製作筆記、創造及處理記錄、初步分析及釋讀、及／或報導研究發現的形式。這個步驟是必要的。因為，它可以幫我們找出資料中缺漏的部分，並因此分離出需要進一步研究的範疇。然而，這些初稿本身並不是田野工作中規律及系統性記錄的適當替代品。

最後，不論何種形式的筆記和記錄都必須經過轉換，成為適合分析及釋讀的材料。過去，參與觀察者都得用數個小時，甚至數天的時間，為了進行分析而製作檔案，其中許多都含有重複的資料（Whyte, 1955）。在累積田野筆記的同時，我們需要對這些筆記進行分類、篩選，同時，朝著修飾及集中研究問題的方向進行整理。我們可以用電腦來有效進行標記、整理、維護及處理這些田野筆記和記錄檔案的煩人工作。文字處理機讓我們在輸入一組筆記之後，只要再用一點點的時間和精力，就可以輕鬆地複製資

料，再用各種方式進行處理。至於分析和理論推衍的工作，
則將是我們下一章的討論主題。

摘要

　　本章討論到製作筆記、記錄和檔案的策略和技術。你
需要一或多種簡略及規律記錄田野活動筆記的方法。你也
需要一些其他的方法，系統性地廣泛記錄田野工作中的觀
察結果、個人經驗、非正式的交談、訪談以及其他可能帶
有重要性的任何事物。筆記和記錄的建立是參與觀察法整
體方法論中的一部分。建立記錄的過程可以澄清思考。它
讓你得以用不同的觀點來看待研究發現，並因此重新找出
後續的資料蒐集計畫。你可以用紙筆、錄音機、照相機、
或電腦來製作筆記。電腦的文字處理系統特別適用於田野
筆記及檔案的整理工作。

練習

▶　選擇一個觀察的研究環境，最好是一個含有許多活動
　　的環境。在一位朋友或同學的協助下，對這個研究環
　　境進行觀察並作成筆記（這份工作最好是由兩個以上

的人來進行，但是一個人也可以同時扮演兩個角色）。其中一個人只進行觀察，而另一個人則同時觀察並記錄發生的事件。在二或三天之後，請先前只進行觀察的人寫下他的觀察結果。比較這兩種方法。它們有什麼不同？是否有那一份筆記比另一份筆記好？如果有的話，這份筆記又是在那些方面優於另一份呢？

▶ 選擇一個觀察環境（學校、銀行、公園、酒吧、法庭等）。短期地參與及觀察，並作成筆記。試著使用各種不同的方法來記錄觀察結果，如手稿筆記、錄音、靜態攝影等。比較這些製作筆記的方法，並論述它們的相對價值。

▶ 試著針對你的日常生活經驗（或是將重點放在生活中的特定範疇，如學校、家庭或工作）作出一份流水記錄或日誌。描述並討論你所使用的方法，特別強調你所遇上的困難。你怎麼去克服這些問題？這項練習和參與觀察法有什麼關聯？

▶ 選擇一篇例示參與觀察法的期刊文章或書籍。審視其中用來建立筆記和檔案的方法。這些方法是否有效？爲什麼？你會不會用什麼不同的方式來進行？

8

分析及理論推衍

　　本章將從參與觀察法的角度，討論並說明分析
及理論推衍的原則和方法。我們將介紹用來對田野
研究所蒐集的資料進行編碼、歸檔、分解、排列、
整理等工作的策略。我們也將嚴格地評述及討論不
同的理論及理論推衍概念。

分析的循環

　　所謂的分析，便是切割、分離或分解研究材料，使其
成為片段、部分、元件或單元。在將事實切割成可為處理

的片段時，研究者便會對其進行分類及篩選，找出種類、族群、順序、流程、模式或整體。這項處理的目的。是要把所有的資料，用具有意義或全面性的方式組合或重組。在尋找資料的意義時，你便涉入了理論推衍的過程——意義模式的建構及事實的整理。所謂的理論，便是以解釋或釋義的形式排列的事實。

從參與觀察法的角度來看，分析及理論推衍是整套研究方法中的一部分。資料的蒐集，特別是筆記和檔案形式的資料蒐集，便足以啟動分析的循環。在研究的初期，我們一般都會專注於進入研究環境、建立並維繫田野關係、參與、觀察及蒐集資料。但是，卻只會試驗性的進行分析及理論推衍。這個階段的分析重點，通常都在找出研究的特定主題及／或修飾研究問題。當研究的主題及問題逐漸獲得清楚定義，資料的蒐集便成了我們最主要的活動。到了累積及分析資料的階段，蒐集額外資料的工作一般就變得較不重要，而我們的研究重心也就因此轉移至這些題材的分析工作上。

編碼及歸檔

如果可以把田野研究所蒐集到的資料，用可以排列、編碼、並蒐集在檔案中的筆記形式呈現，資料分析的工作將可以獲得很大的幫助。我們應該規律地檢視這些筆記，盡量尋找並標記與研究主題有特殊關聯性的材料。蒐集資料和製作筆記的理由可以提供一種根據，讓我們去識別並標記這些資料為某一族群、類型或組別的成員之一，屬於某一順序、流程或模式的一部分或與其相關。換句話說，你必須說明，這些事實如何與研究主題相關。事實並不會為自己說話。如果不和某些你用來使它們產生意義的認知內涵產生關聯，事實本身是沒有意義的。到最後，可能存在的意義當然是有限的。但是，同樣的資料通常卻也有好幾種不同的解釋方式。你必須建立一套基礎，才可以在各種不同的資料釋讀可能性中作出選擇。儘管研究的主題、問題、架構及背景資料等各有極大的差異，我們還是可以提出一套有助編碼及標記田野筆記的問題。

其中一種分析策略便是用現象的基本元件來辨識及標記。藉著這種方式，你或許可以找出什麼是這個現象的必要組成部分。舉例來說，你是否可以找出構成現象的一些特徵、片段、成分或元件？你是否可以辨識並標記這些組成元件？在這些部分中，有沒有那些是特別重要或必要的？如果你把現象的某一項特定元件除去（或許只是想像性地除去），現象是會改變還是維持不變？如果它會改變，這樣的改變涉及那些部分？例如，選出一種信仰或是觀念（如「女人比男人優秀」、「犯罪是因不良的家庭而產生」、「美國人比其他人優秀」），看看你是否可以參考某些資料（某些蒐集了人們的談話和行為的資料），找出它的基本組成分。Damrell（1977）便曾在經由印度教（吠陀哲學，Vedanta）追尋精神意義的參與觀察研究中，大量使用過這種檢視現象必要特徵的分析策略。

　　另一種分析策略便是尋找事實之間的模式及關係。簡單來說，你所分析的這些事實是否形成某種可辨的模式？這些資料的特定片段間有什麼關聯性或關係？檢視目標事件是否屬於某些規模較大的事件序列或流程的一部分？它又是這較大架構中的那一部分？

　　舉例來說，Spradley（1970）便曾發現，流浪者（都市酗酒者）把坐牢的經驗（他們稱之為「造桶子」），視為一種儀式，一套由許多獨特階段構成的序列。「造桶子」的過程包括（1）街道（偷竊）；（2）電話亭（被警察搜查）；（3）囚車（逮捕）；（4）電梯（受到警察偵訊）；（5）登記處（搜身）；（6）壁上加墊的酒醉者牢房（監禁）；（7）X光、臉部照片、指紋室（偵訊）；（8）水泥的酒醉者牢房（監禁）；（9）法院備審案件目錄（求刑）；（10）法院（判刑）；（11）拘留室（監禁）；（12）除虱室（裸身）；（13-a）自律牢房（違反規定）；（13-b）禁閉室（囚禁）；（14）登記處（掃地出門）。

　　比較及對比是另一種具有高度價值的分析策略。這個事實是否和其他現象相同或相似？它和其他事實是否不同？在現象和現象之間找出相同及相異的地方，通常可以讓我們把這些事實分成不同的族群、類型或組別。根據這個基礎，你也可以利用所得的類型學來分析其他現象。同時，也要研究這些類型之間是否彼此相關。這也就是說，事實族群之間是否有什麼關聯性或關係？

　　例如，Manning（1980）便曾在警察的緝毒組中，發現兩種完全對立的毒品查緝組織管制類型。組織中心的管制形式可能和幹員中心的管制形式完全不同。每一種形式的毒品查緝管制，都可以由一組相對的特徵而獲得辨識。例如，是否要求作成文字記錄、是否由官方正式建案或結案、是否可能計算破案率、線民的使用、需要那些人的批准或監督等等。

在進行分析時，詢問不同的問題，也用不同的方式來提出問題，可以產生相當大的幫助。例如，你可以用正面的方式提出一個問題，然後，再反過來用負面的方式提出同樣的問題。舉例來說，Spradley 可能會問，「一共有幾種『造桶子』的方法？」或者，他也可能會問，「在我已經檢視過的材料之中，有那些並不屬於『造桶子』的一部分，或是與『造桶子』無關？」同樣，有時候，嘗試不同的問題順序，或是不同的邏輯，也是相當有用的。例如，Manning 可能會問，「毒品查緝的工作如何以組織的方式完成？」「毒品查緝包括那些步驟？」或者，「毒品查緝的工作之間有什麼不同？」

編碼及標記筆記的初步工作，通常都會使用單一文字或詞彙來標記田野資料片段。在研究問題逐漸獲得修飾和集中時，編碼的一般性架構便漸漸成形，而你也能夠更為熟練地使用這個架構。換句話說，你所用的編碼系統或關鍵字會逐漸取得更精確的定義；你會開始在這些編碼系統或關鍵字間建立連結；而你也能更輕易地把這些標記應用在研究題材上。編碼田野筆記的工作，在審閱及處理這些研究題材的同時，一定會造成更多對於相關主題的討論。

分類、篩選、建構及重建

資料的編碼會帶來分類、篩選、組織及重組研究材料的工作，最後成為較大的單元及組成分。有時候，我們需要利用刹那間的靈光來決定，那些東西可以放在一起。但是，其他時候，我們可以比較不需要仰賴戲劇性的靈感，只要努力去做就可以了。你是否能夠發現可辨的模式或類型？事件的發生有沒有什麼明顯的順序或流程？你是否可以確認概念之間的連結或關係？

在試著使用不同方式安排研究材料時，你會發現，重新參詢與研究問題相關的既存文獻和理論是相當有用的。舉例來說，在開始比較研究所得的資料和既存的文獻及理論推衍之前，Hayano（1982）曾完全深入職業賭徒的世界，密切涉入觀察並描述圈內人的意義及經驗世界。而在處理有關神祕主義者的資料時，我（1979）也發現自己必須在分析的過程中，不斷根據新產生的議題而重新回到文獻上。儘管參詢既存文獻是一件相當重要的事情，但是，你卻不應受限於他人已經完成的工作中。運用你的想像力！經由分析資料而取得研究發現的過程，需要你的想像力。

屬量資料的分析是辯證性的：先將資料分解成元件和組成分；檢視這些材料的模式和關係，有時還需要連結一些衍生自文獻、既存理論或田野工作中的預感或常識性懷疑的意念。在取得概略想法時，重新組合資料，對特定問題提出釋義或解釋；再對這種合成進行評估及嚴格審核；

這種合成可能被推翻，也可能獲得完全或仍需些微修飾的接受；然後，我們常常必須重複這套流程，進一步試驗所得的理論概念，擴展這項理論的一般性或檢視它的用途。

在對神祕主義進行田野工作的早期，我便已經利用田野資料的分析，找出三組當地神祕主義者的網路（Jorgensen, 1979, 1982, 1984）。後來，我和數位塔羅牌預言者進行了深入性的訪談。在分析訪談資料時，我應用了先前對當地社群神祕主義者區分情形的概念。我推測，假如這個概念是正確的，我就可以找出這些塔羅牌預言者在研究環境中的位置。結果，我的確可以在這個架構中找出這些塔羅牌預言者的位置，但是也有一些例外的情形。這讓我重新質疑這套概念架構的某些部分。因此，我必須重新思考這套架構，根據我的訪談資料對其進行修飾。訪談資料因此使用（並試驗）了一套分析性的架構（神祕主義者稱為「密教社群」的三區域意識形態分布）。換句話說，訪談資料修飾了原本的分析架構，同時，澄清有關社群、網路及意識形態的概念，也澄清了這些成分和神祕主義者的日常生活產生連結的方式。

理論及理論推衍

在分類、篩選、組織及重組資料及分析標記，並對其做出評論時，我們會越來越需要直接而明確地參與理論和理論推衍的工作。參與觀察的方法學包括許多不同形式的理論和理論推衍。這些形式包括分析性的歸納法、敏感性的概念、基礎化的理論、存在性的事實及理論以及解釋學（或釋義性）的理論。

分析性之歸納法

Znaniecki（1934, 1952, 1965）最先提出一種以「分析性之歸納法」建構的重要理論概念。他（1935, p.259-60）曾列出這種方法的四大步驟：（1）找出特定事實群的基本特徵；（2）摘述這些特徵，假設較基本的特徵要比較不基本的特徵更為普遍，同時假設這些特徵可以用各種不同的形式存在；（3）研究含有這兩類特徵的族群來試驗假設；以及（4）根據這些特徵在定義特定形式上的功能，把這些族群整理成一套系統。簡單來說，分析性的歸納法便是藉由摘要的方式，從資料中歸納理論。這是非常重要的，因為 Znaniecki（1934, pp.213-248）反對藉由計算現象的發生頻率，特別是藉由統計的方式，形成歸納性理論。

對 Znaniecki（1934, pp.16-21）而言，解釋是由歸納理論性系統的組成分形成。這些解釋可能是因果性、功能性或是起源性的解釋。起源性的解釋說明系統的起源或新形式的出現。在一個有限的系統中，組成分的內部順序可以由元件的功能性依賴或相互依賴進行說明。因果性的解釋則可以應用在系統發生了無法使用內部動力順序說明的變化時。一直以來，好幾代的社會科學家都曾經使用分析性的歸納法來建立理論（e.g., Angell, 1936; Lindesmith, 1947; Cressey, 1953; Bruyn, 1966）。

敏感性之概念

把理論視爲「敏感性之概念」的想法是由 Blumer（1954, 1969）所建立。操作型的定義及檢驗可以產生技術上的精確。但是，它們很容易曲解經驗世界，讓它變得平庸，或者與經驗性的現實缺乏真正的關聯性。Blumer（1969, p.143）曾說，「理論對於經驗科學的價值，只有在它充分連結經驗世界的時候才存在」。理論的目標在於產生經驗世界的分析架構。不同於從操作型的角度定義及檢驗的概念，敏感性的概念可以提供用實際經驗情況說明的暗示及建議，因而讓使用者警覺到經驗世界的一般特徵。理論可以作爲有用且實際的研究指引。

敏感性的概念要求使用者仔細檢視目標現象的獨特性以及現象與其他現象在自然環境下的連結。經由這種檢視，概念可以獲得試驗、改良以及修飾。敏感性概念的有效性可以從經驗情況的研究獲得證實。例如，參與觀察者可以在日常生活的世界中，明確檢驗理論概念能夠應用或不能應用的時間、地點、方式以及程度。藉由這種方式，這些使學者對人類存在的現實產生敏感性的概念，可以獲得經驗性的試驗、證實、修飾或推翻。

基礎化的理論

和 Blumer 相同，Glazer 及 Strauss（1967）曾經注意過理論與研究的連結。他們的方法，稱為「基礎化的理論」，是根據參與觀察法（Schatzman & Strauss, 1973），以及目標在於歸納性建立理論的比較性分析方法。他們的「持續比較分析法」包括四個步驟：（1）比較可用於每一概念範疇的資料；（2）整合這些範疇及其特徵；（3）界定所得的理論；及（4）揭示理論（Glazer & Strauss, 1967, pp.105-115）。

第一步驟要求分析者盡量使用所有可能的分析性／概念性範疇來對每一項資料片段進行編碼。這些範疇衍生自研究的目標問題和參與觀察所得的概念。分析者也要把這些經過編碼的資料，和相同或不同的範疇中，先前已經完成編碼的研究材料進行比較。這種比較的工作可以建立起每一概念範疇的理論特徵（構成該範疇的元件）。

第二步驟的工作是要整合概念範疇及這些範疇的特徵。分析者在比較所得的資料片段及所有可能的概念範疇後，考慮的重心便會從證據及概念範疇的辨識，轉移至概念範疇特徵的辨識及比較上。分析者應該開始找出這些概念範疇在整個大架構中相關或不相關的方式。

第三步驟則要開始真正定義及具體說明所得的理論或理論主張。分析者在完成編碼及比較的工作，同時找出概念的特徵及關聯性後，便會得到一個初步整合的基本釋義性架構或理論。接著，分析者會用既有的資料來試驗理論。

這很可能會進一步定義及修飾基本概念範疇，以及這些範疇間的連結及關係。一旦分析者發現，既存的概念範疇可以處理大部分或全部與其相關的經驗情況，這些範疇便展現了它們的用途及力量。

第四個步驟是揭示理論。此時，分析者應該已經取得經過編碼的資料，以及對於概念、概念的特徵、及概念間關係的分析性描述。為了聲明所得的理論，我們還必須對這些研究材料進行校勘、描述及摘要，以形成（研究過程中歷經修飾的）研究問題的答案。

存在性之事實及理論

存在性的理論推衍強調，研究者的存在性位置（existential location），是觀察所得結果的關鍵（Johnson, 1975; Douglas, 1976; Douglas & Johnson, 1977; Douglas, Rasmussen & Flanagan, 1977; Adler, Adler & Rochford, 1986; Kotarba & Fontana, 1984; Adler & Adler, 1987）。這些思想家認為，我們可以用「常識」作為基礎，創造性地發展出各種方法、策略及流程，取得有關人類存在的實用性現實（practical truth）。經由直接觀察及體驗發現的事實是以釋義性歸納結果（interpretative generalizations）的形式存在，而不是完全或正式的理論。分析可能需要利用許多上述的流程及技術，但是卻也不須僅限於這些流程。過去，存在主義者已成功地使用過團體報告和集體腦力激盪的活動，作為嚴厲審核及分析田野材料的策略。

解釋學之理論

另外一種理論推衍的觀點，偏好學術性的描述及及解釋學（或釋義性）的理解（hermeneutic understanding）（Bruyn, 1966; Geertz, 1973; Cicourel, 1974; Goffman, 1974; Agar, 1986; Clifford & Marcus, 1986）。人類的存在涉及一些與特定歷史時期密切相關的特殊生活形式。在我們把特定生活的形式視爲題目或整體來提出問題時，便可以形成釋義性的歸納結果。換句話說，分析者在對問題進行學術性的說明時，是把資料視爲各種人類存在的形式，要用問題一一檢驗。特定觀察目標及問題的（嚴厲性）檢驗，可以產生某些解答，也很可能產生進一步的問題（Thomas, 1983）。

經由問題／解答的方式，我們可以爲信念、行爲或整個生活方式提出說明。如果還需要取得進一步的普遍性，我們可以再對目標主題提出問題，也可以和其他主題進行比較。但是，因爲研究者和研究問題都是歷史的一部分，我們不可能取得有關全面性之模式、規律及法則的陳述。我們所得到的每一項歸納結果，都是爲了尋求理解而作的釋義。但是，沒有任何一種釋義是絕對或完整的。釋義就是一種對理解及啓發的永恆追求。

舉例來說，假設你對預言行爲很感興趣。你可能會直接觀察這些行爲，或者，你也可能閱讀先前的研究結果。爲了建構研究問題，你可能會考慮各種不同的理論聲明，例如，做這些事情的人是精神病患，這些人是在經濟上及社會上受到剝削的族群，或者，他們是在追尋生命的意義。

我們還可以檢視預言行爲本身，找出既存文獻中不曾預期存在的問題。我們開始分析預言行爲，提出各種有關發生這種行爲的社會文化環境、表現這種行爲的人及構成預言行爲的人類互動等的基本問題。這些問題的答案引發我們進一步的研究興趣。我們找不到清楚的研究終點。不過，這一連串問題的答案讓我們暫時得到適當的理解。假如想要獲得進一步的普遍性，我們可能還會比較預言行爲及心理治療或科學預測。這或許可以滿足（或耗盡）我們某一部分的好奇。但是，就陳述預言的方式及解釋預言的意義等方面而言，我們的好奇還是完全沒有獲得滿足或消耗。

摘要

本章已描述並說明分析及理論推衍的原則及方法。分析的開始在於參與觀察者在日常生活環境中蒐集資料，並用研究問題的方式考慮這些資料時。分析需要研究者對田野筆記的編碼及標記——分類、篩選、建構及重建研究材料。分析的策略包括尋找必要特徵、模式、關係、流程及順序，比較及對比，以及形成種類和類型。分析可以直接造成田野資料的釋義或理論推衍。分析及理論推衍有許多不同的形式，包括分析性的歸納法、敏感性的概念、基礎化的理論、存在性的事實及理論以及解釋學的理論。

練習

▶ 找出一個可能的研究問題（例如，人們如何在公開環境中與他人接觸；高中輟學的理由；造成青少年懷孕的原因；戰後退伍軍人重新適應文明社會的困難）和一個研究環境（如公園、酒吧、購物中心、高中、榮民中心）。利用數個小時進行觀察並作成筆記。尋找這些筆記中的相似處、相異處、必要特徵、族群、順序等來進行編碼。

▶ 找出數篇參與觀察研究的實例（從第 1 章的練習中所列的參考書目或期刊中尋找）。指出其中用來分析資料及進行歸納的方法。這種方法的優點及缺點為何？你會不會用不同的方法？為什麼？

▶ 從文獻中找出兩篇參與觀察研究的實例。其中使用那些分析及理論推衍的形式？試論述其優缺點。

▶ 選擇一項參與觀察研究的主題，並說明你要如何進行分析及理論推衍。你是否偏好某種特殊風格的理論推衍方式？為什麼？

9

離開田野研究領域並報告研究發現

本章將討論參與觀察研究的最後階段，也就是離開田野研究領域並報告研究發現的階段。我們將描述各種離開田野研究環境的不同經驗。我們也將提出報告研究發現的建議及策略。

離開日常生活研究環境

離開參與觀察研究的日常生活研究環境通常是一種例行公事。在你把研究重心從蒐集資料及製作筆記的工作，轉移至建立檔案、分析研究發現及推衍理論的工作上時，花在田野研究環境中的時間一般都會大量減少。許多不同的原因都可以讓我們決定離開田野研究環境（Maines et al., 1980）。研究目標已經達成（Spradley, 1970; Fine, 1987）就是其中一個例子。

因為可得的資源及／或期限，我們可以在研究開始的時候，預先計畫有限的田野研究時間。根據研究進行的情形不同，我們可以再重新協調出較長或較短的田野研究時間。這是相當常見的情形，例如，在評估由外界資金贊助的研究或計畫時。Hebert（1986）便曾對兩個美國原住民教育的革新計畫進行評估。Manning（1977, 1980）對英國警察的田野研究曾因為外界的資金而受到部分限制。Jules-Rosette（1975）在非洲的田野研究也曾因為支援偏遠地區研究工作的可得資源而受到限制。

一開始，參與觀察者可能會承諾，不管研究需要多少時間，都會一直留在田野研究環境中。舉例來說，我不曾確切預期研究美國神祕主義所需花費的時間。我希望能用這項研究完成博士論文，但是，這樣的計畫卻可能持續兩年、三年、四年、五年或更久。在某些情況下，田野研究的主題會變成研究者終生的志業。這可能會造成週期性的後續資料蒐集工作（Mead, 1923）。不論是否計畫再作進一步的研究，和他人斷絕關係都是一件困難的事，特別是在彼此已經建立並長期維繫親密的友誼時（Maines et al., 1980; Roadburg, 1980; Snow, 1980）。

干涉性的原因可能會意外地影響，甚至造成研究的中止。由於各種不同的因素，如個人的健康、安全、動機以及關係，參與觀察者可能會決定結束研究。或者，日常生活研究環境中所發生的事情，如人和研究對象的改變、個人或族群間的衝突、不良關係的產生、缺乏一致性、遭到拒絕、或是觀察的許可遭到撤回，也都可能造成結束研究的決定。儘管在研究結束後，我已經逐漸從神祕主義的田野參與中淡出，但是，真正的結束卻一直要到我在另一州取得大學教職的時候才正式發生。非洲的政治局勢發展讓 Jules-Rosette（1975）作出離開田野研究環境的決定。在大部分情形下，離開田野研究環境的決定都有各種複雜的原因（Altheide, 1980）。

甚至在離開田野研究環境之後，參與觀察者仍可能會週期性地回來拜訪朋友，或甚至回來作進一步的研究。Manning（1977, 1980）及 Jules-Rosette（1975, 1984）便曾長期從事田野研究，有時是相同或相似的研究主題，有時又是相關但卻不盡相同的主題。多年來，我一直都和密教社群中幾個親密的朋友及資料提供者保持聯繫，但是，卻不曾在同樣的環境中再作進一步的研究。Whyte（1955, 1984）則持續提出他和街角社群成員接觸的報告。Damrell（1978）和他所研究的宗教團體一直維持著間歇性的接觸。他在這個集團中的參與行為，後來造成他對另一個宗教團體的參與觀察研究（Damrell, 1977）。他的研究報告中並未指出，他對這個團體的參與行為至今是否已經結束。

離開田野研究環境是一種情緒經驗。長期及深入的參與行為更加強了這些感覺。離開也許會是一種痛苦的解除：田野工作是辛苦、耗神的，甚至在它是一種愉快的經驗時也是一樣，而研究者一般都期待能夠發表研究發現。假如田野工作並不令人感到愉快，離開田野研究環境就真的可以令人鬆一口氣。有時候，參與觀察者會討厭田野工作的某些部分。他們還可能會討厭，甚至痛恨特定的人物或情境。除非這些感覺可以得到適當處理，離開田野研究環境的抉擇終將是無法避免的。喜悅和解脫或遺憾及悲傷皆有可能是離開田野環境的經驗。

我們幾乎無法找出離開田野研究環境的恰當時間或方式。總是會有一些仍須回答的問題、一些尚未完成的事情、或是一些還可以深入研究的主題。通常，我們都會想念某些人，包括朋友。在取得基本研究問題的解答後離開研究環境是恰當的。最好是用一段時間來完成離開的動作，讓每個人都能爲參與觀察研究的結束作好準備。最後，你一定會把大部分的時間和心力用在筆記和檔案上面，而用明顯較少的時間來維繫田野關係及蒐集資料。在許多情況下，這種轉變都是逐漸進行的，而且，隨著分析及撰寫研究報告的工作自然發生。

報告研究發現

撰寫研究發現的工作可能會從田野研究環境中開始。但是，這份工作通常都會持續，甚至常常在你離開田野研究環境之後，更快速而豐富的進行。爲了取得足夠的時間，

同時，和研究問題保持足夠的距離，以有效報告研究發現，脫離研究環境的參與行為是必要的（Altheide, 1980）

寫作過程

對於研究發現所作的說明，會根據你的觀眾或觀眾群而有所不同。寫作是一種雄辯；它的目的在於取信、說服、辯論以及說明。無知的觀眾，如社會大眾，要求你仔細說明每個部分，甚至包括最明顯的重點，避免使用術語，用一般的話來作說明。專業的同僚則可能只要你說明最顯著、最重要的事實，不用再去提到常識、甚至是理論背景。我們時常都無法確認觀眾的身分。如果可以預設，甚至是想像（有必要的話）你的報告對象，寫作的工作將會容易許多。

寫作是一種思考的形式，不光只是提出研究結果的機械性過程。因此，自然就會有許多不同的寫作風格，而且沒有任何絕對「正確」的方式。一開始，你應該純粹試著寫下研究結果，不用擔心如何去寫。直到你的想法真正變成文字之前，我們都沒法對寫作模式作任何處理。

不幸的是，許多人都把寫作看成一種神奇的儀式（Becker, 1986）。他們都想要知道，有什麼祕密可以讓我們把想法寫成文字，再把這些文字轉變成經過潤飾的文章。根據 Becker 的說法，這些人所不了解的是，沒有任何作家可以在第一次，甚至是第二次，或甚至是第三次，就把所有的文字內容弄到正確或完美。初期的草稿應該是潛在性相關概念的表達。這些內容的順序、邏輯以及組織等，還都必須留待進一步的努力和後續的草稿來發現。多次撰寫草稿不僅是正常的行為，也是必要的工作。寫作就是要起而行，不是坐而言。

寫作是一種過程。它的開始，就是用文字形式表達研究結果。對參與觀察者而言，這項工作可以藉由筆記和檔案的建立來完成。下個步驟，便是根據某個需要和觀眾報告的話題、主題或問題，擬出一份草稿。初期的草稿和說出自己的想法沒什麼不同。它們都比較偏向建議性而比較不明確。特定的想法之間要如何排列、用什麼順序、根據什麼模式、方向、模型或理論，這都是你正在研究的。第一份草稿可以帶來其他的想法，並建議這些概念間的可能連結。後續的草稿建立在這樣的基礎上，進一步發展這些想法，特別是這篇文章的內容順序或邏輯。沒有任何草稿或版本是絕對完整的。總還會有其他表現及安排概念的方法。因此，在你決定這篇文章已經說出你想說的話，而你也不能，或不願意再對它作進一步的處理時，你的寫作便算是完成了。

我們並無法找出任何一種正確的寫作方法。但是，我們卻還是可以建議一些有用的寫作方針。只要參與觀察者能夠了解，寫作便是製作筆記、分析及歸納研究發現等過程的延續，開始寫作就應該不會有什麼困難了。經過這些活動，你已經向報告研究發現的最終目的跨出一大步。

如果你需要進一步地整理筆記和檔案，大綱可以提供極大的幫助。但是，大綱是一種純粹啟發性的工具。只有在找出概念的可能性排列時，你才需要使用大綱。大綱可以暫時性地組織你的思考，同時，為寫作提供決定性的方向。準備偏離你的大綱。大綱應該要能產生刺激，讓你發展概念，並發現先前並未預期的事實關聯。當一份優秀的大綱為我們帶來了新的可能性時，它的用途就會迅速耗盡。擬完一份草稿之後，你可以寫下它的大綱。這樣的大綱可以澄清你的思考，強調（僅是隱含的）邏輯，並建議可能缺漏的部分，或其他可能的概念安排方式。當你接著再撰寫後續的草稿時，寫作、擬出大綱、再重新寫作的這個過程可能會不斷產生極大的幫助。

編輯的工作可以提升稿件傳達概念的有效性。這可能是寫作過程中最重要的一部分。所謂的編輯，便是重新處理已經寫下的內容，讓它可以和目標觀眾作更好的溝通——更有效、更清晰的溝通。在進行編輯時，你或許可以刪去許多已經寫下的內容。在不會對文章的基本內容及意義造成改變的情況下，刪去所有能夠刪除的文字或詞彙。把冗長的句子拆解成較短、較精確的敘述。盡量使用簡潔有力的句子。

為了建立清晰有效的文字報告，文獻中還有一些基本的建議。舉例來說，Becker（1986）便曾建議下面這些原則：

盡量使用主動式，少用被動式。主動式的敘述可以強迫我們明確辨識論述內容。

避免使用兩個字來說明一個字足以表達的概念。在進行編輯時，刪除所有不必要的文字。

—— 一般性的文字通常都比不常見的文字，甚至高度技術性的術語，具有更好的溝通能力。甚至是在面對專業的工作者時，一個短短的術語也要繞好大一圈，才能夠傳達出你的意念。

—— 避免重複。最好是在第一次的時候，就盡量簡潔地明確表達你的意思。

—— 盡量具體明確，不要抽象籠統。

—— 使用實例說明基本概念的意義。對於參與觀察研究的結果報告而言，實例是特別重要的工具。在說明抽象的概念及原則時，實例也很有幫助。

—— 小心使用隱喻：嚴肅地使用隱喻，不要過於草率。

報告參與觀察研究的結果發現

因為每項計畫都是相當獨特的。因此，我們無法提出適合所有參與觀察研究的特定綱領或形式來報告研究結果。然而，下面所列的這些一般性主題，可能是在發展參與觀察研究的結果報告時，需要考慮的方向。

1. 盡量簡潔地陳述你打算在這篇報告中說明的基本問題。論述這個主題／問題的相關觀點、模型、理論及文獻。你也應該指明並討論這項研究的重心，用重要概念加以定義。

2. 論述研究的方法及策略。說明研究環境、以及進入研究環境、建立一致性及維繫關係的過程。描述和參與者角色的扮演、資料蒐集、分析及理論推衍相關的策略及方法。

3. 論述研究的主要發現。這個部分所應確切包括的內容，根據所要說明的研究問題及主體，以及你所蒐集到的資料而定。

4. 論述研究發現的重要性或代表意義。你的參與觀察研究可以推衍出什麼結論？

　　不要因為跳過一些特定的研究發現，甚至是大部分的研究發現而感到苦惱。對特定研究報告來說，許多資料都是沒有用的。我們可能永遠也找不到一份適當的文字研究報告，呈現大部分的田野研究資料。參與觀察者常常都會發現，我們必須利用其他方式，如附錄、前言、結語或後記，甚至是一份冗長的實體筆記，把無法整合至研究報告主體中的資料納入研究報告中。有時，我們會把本題之外的內容放到另一個章節、另一篇文章或是與中心研究問題相關，卻不適合放進原本研究報告內的另一份研究報告中。

　　從研究報告的主體——有關主要研究發現的章節——開始著手是相當有用的。然後，我們可以再把重點轉移到相關的主題上。例如，直到你有某些東西可以介紹之前，你並不需要「引言」。而除非檢視過研究發現，你也很難去討論資料蒐集的方法和相關文獻。

　　對我來說，最有效的方法是在心理記著研究問題的具體定義，同時寫出基本的研究發現。然後，利用這些寫下來的研究發現，重新修正有關研究問題的陳述，並繼續處理這些陳述研究發現的章節，直到自己覺得基本的研究主題已經獲得適當說明為止。接著，我會撰寫摘要及結語的部分，再用它來撰寫引言。完成引言之後，便依序處理研究報告中的每一個章節。然後再重新撰寫摘要及結語。假如一切順利，這份初稿就可以再經過琢磨及修飾，直到取得一份適合向專業工作者提出報告，甚至最後可以出版的研究報告。

摘要

在大部分情況下，參與觀察研究都沒有絕對的終點。有時，參與觀察者會被迫或自行決定離開研究環境。但是，離開田野研究環境的過程通常都是一種例行公事，在研究重心從蒐集資料及製作筆記和檔案，轉移至分析、歸納、理論推衍及撰寫初步研究報告的同時隨之發生。離開田野研究環境可能會伴隨許多不同的感覺。參與觀察者及研究環境中的人可能會感受到痛苦的解除、喜悅、遺憾、若有所失以及悲傷。我們也可能預先計畫離開田野研究環境的時間，讓自己和他人事先調適離開所造成的影響。

寫作是一種思考的形式。它是分析及理論推衍過程的延續。寫作並沒有什麼特別神奇的地方。寫作的工作可以因為連續的時間區段而獲得幫助。在你預備報告研究結果時，事先預設觀眾或觀眾群會產生相當大的幫助。寫作是一套包括撰寫及重新撰寫研究發現的過程。最後，你可以完成一份報告。本章包含各種寫作的一般性建議，以及報告參與觀察研究結果的具體建議。

練習

▶ 從文獻中選擇一篇報告參與觀察研究結果的文章。根據本章提供的建議編輯這篇文章。你能對它的內容作出那些形式的修改？這些修改是否改良了這篇文章的內容？就你的答案提出解釋。

▶ 針對你藉本書所提供的方法取得的參與觀察研究發現，撰寫一份大綱。根據這份大綱，撰寫有關研究發現的草稿。試指出，這份大綱如何協助你整理思考內容。同時指出，在撰寫研究結果時，你如何能夠超越這份大綱的範圍。

▶ 從文獻中選擇一份參與觀察研究的報告，同時選擇一份其他人文研究方法的研究報告實例。比較這些報告，並論述基本的相似及相異處。這些差異可以表現出那些研究方法上的差異？

▶ 閱讀有關參與觀察研究的文獻，找出針對離開田野研究環境的經驗所提出的報告。選擇數篇關於離開田野環境的報告，並簡略對其進行比較。

參考書目

Adler, P. 1981. *Momentum.* Beverly Hills, CA: Sage.
———— and P. A. Adler. 1987. *Membership Roles in Field Research.* Beverly Hills, CA: Sage.
Adler, P. A. 1985. *Wheeling and Dealing.* New York: Columbia University Press.
Adler, P. A., P. Adler, and E. B. Rochford, Jr., eds. 1986. "The Politics of Participation in Field Research" [Special issue]. *Urban Life* 14(4, January).
Agar, M. H. 1986a. *Independents Declared.* Washington, DC: Smithsonian Institution Press.
————. 1986b. *Speaking of Ethnography.* Beverly Hills, CA: Sage.
Altheide, D. L. 1976. *Creating Reality.* Beverly Hills, CA: Sage.
————. 1980. "Leaving the Newsroom." Pp. 301-10 in *Fieldwork Experience,* edited by W. B. Shaffir et al. New York: St. Martin.
————. 1985. *Media Power.* Beverly Hills, CA: Sage.
————. 1987. "Ethnographic Content Analysis." *Qualitative Sociology* 10(1):65-77.
———— and J. M. Johnson. 1977. "Counting Souls." *Pacific Sociological Review* (July):328-48.
Altheide, D. L. and R. Snow. 1979. *Media Logic.* Beverly Hills, CA: Sage.
Anderson, E. 1978. *A Place on the Corner.* Chicago: University of Chicago Press.
Angell, R. C. 1936. *The Family Encounters the Depression.* New York: Scribner.
Babbie, E. 1973. *Survey Research Methods.* Belmont, CA: Wadsworth.
————. 1986. *The Practice of Social Research.* Belmont, CA: Wadsworth.
Bateson, G. and M. Mead. 1942. *Balinese Character.* New York: Academy of Sciences.
Becker, H. S. 1963. *Outsiders.* New York: Free Press.
————. 1968. "Social Observation and Social Case Studies." Pp. 232-38 in *International Encyclopedia of the Social Sciences,* edited by D. L. Sills. New York: Macmillan.
————. 1969. "Problems of Inference and Proof in Participant Observation." Pp. 260-76 in *Issues in Participant Observation,* edited by G. J. McCall and J. L. Simmons. Reading, MA: Addison-Wesley.
————, ed. 1981. *Exploring Society Photographically.* Chicago: University of Chicago Press.
————. 1986. *Writing for Social Scientists.* Chicago: University of Chicago Press.
————, B. Greer, E. C. Hughes, and A. L. Strauss. 1961. *Boys in White: Student Culture in Medical School.* Chicago: University of Chicago Press.
Bellman, B. L. 1984. *The Language of Secrecy.* New Brunswick, NJ: Rutgers University Press.
———— and B. Jules-Rosette. 1977. *A Paradigm for Looking.* Norwood, NJ: Ablex.
Berger, B. M. 1981. *The Survival of a Counterculture.* Berkeley: University of California Press.
Berger, P. L. and T. Luckmann. 1966. *The Social Construction of Reality.* New York: Doubleday.
Bertaux, D., ed. 1981. *Biography and Society.* Beverly Hills, CA: Sage.
Birdwhistell, R. L. 1952. *Introduction to Kinesics.* Louisville, KY: University of Louisville Press.

Blalock, H. M., Jr. 1971. *Causal Models in the Social Sciences*. Chicago: Aldine & Atherton.

Blau, P. 1964. "The Research Process in the Study of *The Dynamics of Bureaucracy*." Pp. 16-49 in *Sociologists at Work*, edited by P. E. Hammond. New York: Basic Books.

Blumer, H. 1954. "What Is Wrong with Social Theory?" *American Sociological Review* 19:3-10.

————. 1969. *Symbolic Interactionism*. Englewood Cliffs, NJ: Prentice-Hall.

Broadhead, R. S. 1983. *The Private Lives and Professional Identity of Medical Students*. New Brunswick, NJ: Transaction.

Bromley, D. G. and A. D. Shupe, Jr. 1979. *"Moonies" in America*. Beverly Hills, CA: Sage.

Bruyn, S. T. 1966. *The Human Perspective in Sociology*. Englewood Cliffs, NJ: Prentice-Hall.

Bulmer, M., ed. 1982. *Social Research Ethics*. London: Macmillan.

Cassell, J. and M. L. Wax, eds. 1980. "Ethical Problems of Fieldwork" [Special issue]. *Social Problems* 27(February).

Chenitz, W. C. and J. M. Swanson, eds. 1986. *From Practice to Grounded Theory*. Menlo Park, CA: Addison-Wesley.

Cicourel, A. V. 1964. *Method and Measurement in Sociology*. New York: Free Press.

————. 1968. *The Social Organization of Juvenile Justice*. New York: John Wiley.

————. 1974. *Theory and Method in a Study of Argentine Fertility*. New York: John Wiley.

Clandinin, D. J. 1985. "Personal Practical Knowledge." *Curriculum Inquiry* 15(4):361-85.

Clifford, J. and G. E. Marcus, eds. 1986. *Writing Culture*. Berkeley: University of California Press.

Collier, J., Jr. 1967. *Visual Anthropology*. New York: Holt, Rinehart & Winston.

Conrad, P. and S. Reinhartz, eds. 1984. "Computers and Qualitative Data" [Special issue]. *Qualitative Sociology* 7(2, Spring/Summer).

Cook, T. D. and E. T. Campbell. 1979. *Quasi-Experimentation*. Chicago: Rand McNally.

Cooley, C. H. 1902. *Human Nature and the Social Order*. New York: Scribner.

————. 1909. *Social Organization*. New York: Scribner.

————. 1918. *The Social Process*. New York: Scribner.

————. 1969. *Sociological Theory and Social Research*. New York: A. M. Kelley. [Original work published 1930]

Corsaro, W. A. 1985. *Friendship and Peer Culture in the Early Years*. Norwood, NJ: Ablex.

Cottle, T. J. 1977. *Private Lives and Public Accounts*. Amherst: University of Massachusetts Press.

Cressey, D. R. 1953. *Other People's Money*. New York: Free Press.

Dalton, M. 1959. *Men Who Manage*. New York: John Wiley.

————. 1964. "Preconception and Methods in *Men Who Manage*." Pp. 50-95 in *Sociologists at Work*, edited by P. E. Hammond. New York: Basic Books.

Damrell, J. 1977. *Seeking Spiritual Meaning*. Beverly Hills, CA: Sage.

————. 1978. *Search for Identity*. Beverly Hills, CA: Sage.

Delph, E. W. 1978. *The Silent Community*. Beverly Hills, CA: Sage.

Denzin, N. K. 1978. *The Research Act*. New York: McGraw-Hill.

————. Forthcoming. "Review Symposium on Field Methods." *Journal of Contemporary Ethnography*.

Dollard, J. 1937. *Caste and Class in a Southern Town*. New Haven, CT: Yale University Press.

Douglas, J. D. 1976. *Investigative Social Research*. Beverly Hills, CA: Sage.
———. 1985. *Creative Interviewing*. Newbury Park, CA: Sage.
———, P. A. Adler, P. Adler, A. Fontana, Freeman, and J. A. Kotarba. 1980. *Introduction to the Sociologies of Everyday Life*. Boston: Allyn & Bacon.
Douglas, J. D. and J. M. Johnson, eds. 1977. *Existential Sociology*. New York: Cambridge University Press.
Douglas, J. D. and P. K. Rasmussen, with C. A. Flanagan. 1977. *The Nude Beach*. Beverly Hills, CA: Sage.
Dressler, W. W. 1987. "The Stress Process in a Southern Black Community." *Human Organization* 46(3):211-20.
Easterday, L., D. Papodemas, L. Shorr, and C. Valentini. 1977. "The Making of a Female Researcher." *Urban Life* 6:333-48.
Easthope, G. 1971. *A History of Social Research Methods*. New York: Longman.
Ellis, C. 1986. *Fisher Folk*. Lexington: University of Kentucky Press.
Emerson, R. M. 1969. *Judging Delinquents*. Chicago: Aldine.
———, ed. 1983. *Contemporary Field Research*. Boston: Little, Brown.
Feldman, H. W., M. H. Agar, and G. M. Beschner. 1979. *Angel Dust*. Lexington, MA: Lexington Books.
Ferraro, K. J. 1981. "Battered Women and the Shelter Movement." Ph.D. dissertation, Arizona State University, Tempe, Department of Sociology.
Festinger, L., H. W. Riecken, and S. Schacter. 1956. *When Prophecy Fails*. Minneapolis: University of Minnesota Press.
Fine, G. A. 1987. *With the Boys*. Chicago: University of Chicago Press.
Fischer, P. J. 1979. "Precocious Pregnancies." Ph.D. dissertation, University of Florida, Gainesville, Department of Anthropology.
Forrest, B. 1986. "Apprentice-Participation." *Urban Life* 14:431-53.
Fowler, F. L., Jr. 1984. *Survey Research Methods*. Beverly Hills, CA: Sage.
Fox, K. J. 1987. "Real Punks and Pretenders." *Journal of Contemporary Ethnography* 16(3):344-70.
Freudenburg, W. R. 1986. "Sociology in Legis-Land." *Sociological Quarterly* 27(3):313-24.
Gallimeier, C. P. 1987. "Putting on the Game Face." *Sociology of Sport Journal* 4:347-62.
———. Forthcoming. *Twenty Minutes to Broadway*. Philadelphia, PA: Temple University Press.
Gans, H. J. 1962. *The Urban Villagers*. New York: Free Press.
Garfinkel, H. 1967. *Studies in Ethnomethodology*. Englewood Cliffs, NJ: Prentice-Hall.
Geertz, C. 1973. *The Interpretation of Cultures*. New York: Basic Books.
Gibbs, J. P. 1972. *Sociological Theory Construction*. Hillsdale, IL: Dryden.
Glazer, B. C. and A. L. Strauss. 1967. *The Discovery of Grounded Theory*. Chicago: Aldine.
Goffman, E. 1959. *The Presentation of Self in Everyday Life*. Garden City, NY: Doubleday.
———. 1961. *Asylums*. Garden City, NY: Doubleday.
———. 1974. *Frame Analysis*. New York: Harper & Row.
Gold, R. L. 1954. "Toward a Social Interaction Methodology for Sociological Field Observation." Ph.D. dissertation, University of Chicago, Department of Sociology.
———. 1958. "Roles in Sociological Field Observations." *Social Forces* 36:217-23.
———. 1969. "Roles in Sociological Field Observations," Pp. 30-39 in *Issues in Participant Observation*, edited by G. J. McCall and J. L. Simmons. Reading MA: Addison-Wesley.

Golde, P., ed. 1970. *Women in the Field.* Chicago: Aldine.

Gordon, D. F. 1987. "Getting Close by Staying Distant." *Qualitative Sociology* 10(3):267-87.

Haaken, J. and R. Adams. 1983. "Pathology as 'Personal Growth.'" *Psychiatry* 46(3):270-80.

Hall, E. T. 1959. *The Silent Language.* New York: Anchor.

———. 1966. *The Hidden Dimension,* New York: Anchor.

———. 1976. *Beyond Culture.* New York: Anchor.

Hammersley, M. and P. Atkinson. 1983. *Ethnography.* London: Tavistock.

Hayano, D. H. 1982. *Poker Faces.* Berkeley: University of California Press.

Hebert, Y. M. 1986. "Naturalistic Evaluation in Practice." *Curriculum Inquiry* 15(4):361-85.

Hilbert, R. A. 1980. "Covert Participant Observation." *Urban Life* 9:51-78.

Hinkle, R. C. and G. J. Hinkle. 1954. *The Development of Modern Sociology.* New York: Random House.

Hochschild, A. R. 1983. *The Managed Heart.* Berkeley: University of California Press.

Hockey, J. 1986. *Squaddies.* Ester: Wheaton.

Hocking, P., ed. 1975. *Principles of Visual Anthropology.* The Hague, the Netherlands: Mouton.

Horowitz, R. 1983. *Honor and the American Dream.* New Brunswick, NJ: Rutgers University Press.

Hughes, P. H. 1977. *Behind the Wall of Respect.* Chicago: University of Chicago Press.

Humphreys, L. 1970. *Tea-Room Trade.* Chicago: Aldine.

Hunt, J. 1984. "The Development of Rapport Through the Negotiation of Gender in Field Work Among Police." *Human Organization* 43(4):283-95.

Husband, R. L. 1985. "Toward a Grounded Typology of Organizational Leadership Behavior." *Quarterly Journal of Speech* 71:103-18.

Irwin, J. 1970. *The Felon.* Englewood Cliffs, NJ: Prentice-Hall.

———. 1980. *Prisons in Turmoil.* Boston: Little, Brown.

Jacobs, J. 1977. *Stateville.* Chicago: University of Chicago Press.

Johnson, J. M. 1975. *Doing Field Research.* New York: Free Press.

———. 1977. "Behind the Rational Appearances." Pp. 201-228 in *Existential Sociology,* edited by J. D. Douglas and J. M. Johnson. Cambridge: Cambridge University Press.

Jorgensen, D. L. 1979. "Tarot Divination in the Valley of the Sun." Ph.D. dissertation, Ohio State University, Columbus, Department of Sociology.

———. 1982. "The Esoteric Community: An Ethnographic Investigation of the Cultic Milieu." *Urban Life* 10(4):383-407.

———. 1983. "Psychic Fairs: A Basis of Solidarity and Networks Among Occultists." *California Sociologist* 6(1):57-75.

———. 1984. "Divinatory Discourse." *Symbolic Interaction* 7(2, Summer/Fall): 135-53.

——— and L. Jorgensen. 1982. "Social Meanings of the Occult." *Sociological Quarterly* 23(3, Summer):373-89.

Jules-Rosette, B. 1975. *African Apostles.* Ithaca, NY: Cornell University Press.

———. 1984. *The Messages of Tourist Art.* New York: Plenum.

Junker, B. H. 1960. *Field Work.* Chicago: University of Chicago Press.

Kaplan, A. 1964. *The Conduct of Inquiry.* San Francisco: Chandler.

Kirk, J. and M. L. Miller. 1986. *Reliability and Validity in Qualitative Research.* Beverly Hills, CA: Sage.

Kirk, R. C. 1981. "Microcomputers in Anthropological Research." Pp. 473-92 in

Microcomputers in Social Research, edited by D. R. Heise. Beverly Hills, CA: Sage.

Kleinman, S. 1984. *Equals Before God*. Chicago: University of Chicago Press.

Klockars, C. B. 1974. *The Professional Fence*. New York: Free Press.

———— and F. W. O'Connor, eds. 1979. *Deviance and Decency*. Beverly Hills, CA: Sage.

Knorr-Cetina, K. D. and M. Mulkay. 1983. *Science Observed*. Beverly Hills, CA: Sage.

Kornblum, N. 1974. *Blue Collar Community*. Chicago: University of Chicago Press.

Kotarba, J. A. 1977. "The Chronic Pain Experience." Pp. 257-72 in *Existential Sociology*, edited by J. P. Douglas and J. M. Johnson. Cambridge: Cambridge University Press.

————. 1980. "Discovering Amorphous Social Experience." Pp. 57-67 in *Fieldwork Experience*, edited by W. B. Shaffir et al. New York: St. Martin.

————. 1983. *Chronic Pain*. Beverly Hills, CA: Sage.

———— and A. Fontana, eds. 1984. *The Existential Self in Society*. Chicago: University of Chicago Press.

Krieger, S. 1985. "Beyond Subjectivity." *Qualitative Sociology* 8:309-24.

Kuhn, T. 1970. *The Structure of Scientific Revolutions*. Chicago: University of Chicago Press.

Latour, B. and S. Woolgar. 1979. *Laboratory Life*. Beverly Hills, CA: Sage.

Lazarsfeld, P. F. 1972. *Qualitative Analysis*. Boston: Allyn & Bacon.

Liebow, E. 1967. *Tally's Corner*. Boston: Little, Brown.

Lindeman, E. C. 1923. *Social Discovery*. New York: Republic Press.

Lindesmith, A. R. 1947. *Opiate Addiction*. Bloomington, IL: Principa.

Lofland, J. 1966. *Doomsday Cult*. Englewood Cliffs, NJ: Prentice-Hall.

————. 1971. *Analyzing Social Settings*. Belmont, CA: Wadsworth.

———— and L. H. Lofland. 1984. *Analyzing Social Settings*. Belmont, CA: Wadsworth.

Lyman, S. M. and M. B. Scott. 1970. *A Sociology of the Absurd*. New York: Appleton-Century-Crofts.

————. 1975. *The Drama of Social Reality*. New York: Oxford.

Lynch, M. 1985. *Art and Artifact in Laboratory Science*. London: Routledge & Kegan Paul.

Lynd, R. S. and H. M. Lynd. 1929. *Middletown*. New York: Harcourt Brace.

MacIver, R. M. 1942. *Social Causation*. Boston: Ginn.

Maines, D. R., W. Shaffir, and A. Turowetz. 1980. "Leaving the Field in Ethnographic Research." Pp. 261-80 in *Fieldwork Experience*, edited by W. B. Shaffir et al. New York: St. Martin.

Mandell, N. 1988. "The Least-Adult Role in Studying Children." *Journal of Contemporary Ethnography* 16(4):433-67.

Manning, P. K. 1977. *Police Work*. Cambridge: MIT Press.

————. 1980. *The Narcs' Game*. Cambridge, MA: MIT Press.

Masayuki Hamabata, M. 1986. "Ethnographic Boundaries." *Qualitative Sociology* 9(4):354-71.

McCall, G. J. 1978. *Observing the Law*. New York: Free Press.

———— and J. L. Simmons. 1969. *Issues in Participant Observation*. Reading, MA: Addison-Wesley.

Mead, M. 1923. *Coming of Age in Samoa*. New York: William Morrow.

Mehan, H. 1974. "Accomplishing Classroom Lessons." Pp. 76-142 in *Language Use and School Performance*, edited by A. V. Cicourel et al. New York: Academic Press.

———— and H. Wood. 1975. *The Reality of Ethnomethodology*. New York: John Wiley.

Miller, E. M. 1986. *Street Women*. Philadelphia: Temple University Press.

Milner, C. and R. Milner. 1972. *Black Players*. Boston: Little, Brown.

Mitchell, R. G., Jr. 1983. *Mountain Experience*. Chicago: University of Chicago Press.

Molstad, C. 1986. "Choosing and Coping with Boring Work." *Urban Life* 15(2):215-36.
Palmer, V. 1928. *Field Studies in Sociology*. Chicago: University of Chicago Press.
Pastner, C. 1982. "Rethinking the Role of the Woman Field Worker in Purdah Societies." *Human Organization* 41:262-64.
Peshkin, A. 1986. *God's Choice*. Chicago: University of Chicago Press.
Polkinghorne, D. 1983. *Methodology for the Human Sciences*. Albany: State University of New York Press.
Polsky, N. 1969. *Hustlers, Beats and Others*. New York: Anchor.
Ponse, B. 1976. "Secrecy in the Lesbian World." *Urban Life* 5:313-38.
Preble, E. and J. J. Casey, Jr. 1969. "Taking Care of Business." *International Journal of the Addictions* 4(1):1-24.
Preble, E. and T. Miller. 1977. "Methadone, Wine, and Welfare." Pp. 229-48 in *Street Ethnography*, edited by R. S. Weppner. Beverly Hills, CA: Sage.
Psathas, G., ed. 1973. *Phenomenological Sociology*. New York: John Wiley.
Punch, M. 1986. *The Politics and Ethics of Fieldwork*. Beverly Hills, CA: Sage.
Rabinow, P. 1977. *Reflections on Fieldwork in Morocco*. Berkeley: University of California Press.
Rambo, C. A. 1987. "Turn-Ons for Money." M.A. thesis, University of South Florida, Tampa, Department of Sociology.
Reimer, J. W. 1977. "Varieties of Opportunistic Research." *Urban Life* 5:467-77.
Richard, M. P. 1986. "Goffman Revisited." *Qualitative Sociology* 9(4):321-38.
Roadburg, A. 1980. "Breaking Relationships with Research Subjects." Pp. 281-91 in *Fieldwork Experience*, edited by W. B. Shaffir et al. New York: St. Martin.
Roethlisberger, F. J. and W. J. Dickson. 1939. *Management and the Worker*. Cambridge, MA: Harvard University Press.
Sanders, C. R. 1988. "Marks of Mischief." *Journal of Contemporary Ethnography* 16(4):433-67.
Schatzman, L. and A. L. Strauss. 1973. *Field Research*. Englewood Cliffs, NJ: Prentice-Hall.
Schrodt, P. A. 1984. *Microcomputer Methods for Social Scientists*. Beverly Hills, CA: Sage.
Schutz, A. 1967. *The Phenomenology of the Social World*. Chicago: University of Chicago Press.
Scott, M. 1968. *The Racing Game*. Chicago: Aldine.
Shaffir, W. B., R. A. Stebbins, and A. Turowetz. 1980. *Fieldwork Experience*. New York: St. Martin.
Shupe, J. 1970. *The Felon*. Englewood Cliffs, NJ: Prentice-Hall.
——— and D. G. Bromley. 1980. *The Vigilantes*. Beverly Hills, CA: Sage.
Simmel, G. 1950. *The Sociology of George Simmel*, translated by K. H. Wolff. New York: Free Press.
Snow, D. A. 1980. "The Disengagement Process." *Qualitative Sociology* 3:100-22.
Spradley, J. 1970. *You Owe Yourself a Drunk*. Boston: Little, Brown.
———. 1979. *The Ethnographic Interview*. New York: Holt, Rinehart & Winston.
———. 1980. *Participant Observation*. New York: Holt, Rinehart & Winston.
Strauss, A. 1987. *Qualitative Analysis for Social Scientists*. Cambridge: Cambridge University Press.
Sudnow, D. 1967. *Passing On*. Englewood Cliffs, NJ: Prentice-Hall.
———. 1978. *Ways of the Hand*. Cambridge, MA: Harvard University Press.
Sutherland, E. and C. Conwell. 1967. *Professional Thief*. Chicago: University of Chicago Press.

Suttles, G. D. 1968. *The Social Order of the Slum.* Chicago: University of Chicago Press.

———. 1972. *The Social Construction of Communities.* Chicago: University of Chicago Press.

Taylor, S. J. 1987. "Observing Abuse." *Qualitative Sociology* 10(3):288-302.

Thomas, J. 1983. "Toward a Critical Ethnography." *Urban Life* 11:477-90.

Thomas, W. I. and D. S. Thomas. 1928. *The Child in America.* New York: Knopf.

Thomas, W. I. and F. Znaniecki. 1918-19. *The Polish Peasant in Europe and America.* Chicago: University of Chicago Press.

Unruh, D. R. 1983. *Invisible Lives.* Beverly Hills, CA: Sage.

Van Maanen, J., ed. 1983. *Qualitative Methodology.* Beverly Hills, CA: Sage.

Vesperi, M. D. 1985. *City of Green Benches.* Ithaca, NY: Cornell University Press.

Vidich, A. J. and J. Bensman. 1968. *Small Town in Mass Society.* Princeton, NJ: Princeton University Press.

Wallace, W. 1971. *The Logic of Science in Sociology.* Chicago: Aldine.

Wallis, R. 1977. *The Road to Total Freedom.* New York: Columbia University Press.

Warner, W. L. 1959. *The Living and the Dead: A Study of the Symbolism of Americans.* New Haven, CT: Yale University Press.

Warner, W. L. and P. Lunt. 1941. *The Social Life of a Modern Community.* New Haven, CT: Yale University Press.

———. 1942. *The Status System of a Modern Society.* New Haven, CT: Yale University Press.

Warner, W. L. and L. Srole. 1945. *The Social Systems of American Ethnic Groups.* Vol. 3, *Yankee City.* New Haven, CT: Yale University Press.

Warren, C.A.B. 1974. *Identity and Community in the Gay World.* New York: John Wiley.

——— and P. K. Rasmussen. 1977. "Sex and Gender in Field Research." *Urban Life* 6:349-69.

Watson, J. D. 1968. *The Double Helix.* New York: Athaneum.

Wax, R. H. 1971. *Doing Fieldwork.* Chicago: University of Chicago Press.

———. 1979. "Gender and Age in Fieldwork and Fieldwork Education." *Social Problems* 26:509-22.

Webb, S. and B. Webb. 1932. *Methods of Social Study.* New York: Longman, Green.

Weber, M. 1949. *The Methodology of the Social Sciences.* Glencoe, IL: Free Press.

Weppner, R. S. 1983. *The Untherapeutic Community.* Lincoln: University of Nebraska Press.

Whyte, W. F. 1955. *Street Corner Society.* Chicago: University of Chicago Press.

———. 1984. *Learning from the Field.* Beverly Hills, CA: Sage.

Wiley, J. 1987. "The 'Shock of Unrecognition' as a Problem in Participant-Observation." *Qualitative Sociology* 10(1):78-83.

Williams, D. D., ed. 1986. *Naturalistic Evaluation.* San Francisco: Jossey-Bass.

Wiseman, J. P. 1970. *Stations of the Lost.* Englewood Cliffs, NJ: Prentice-Hall.

Woods, P. 1985. "Sociology, Ethnography and Teacher Practice." *Teaching and Teacher Education* 1(1):51-62.

Wright, S. 1978. *Crowds and Riots.* Beverly Hills, CA: Sage.

Yin, R. K. 1984. *Case Study Research.* Beverly Hills, CA: Sage.

Zimmerman, D. H. and D. L. Weider. 1977. "The Diary." *Urban Life* 5(4):479-98.

Znaniecki, F. 1935. *The Method of Sociology.* New York: Holt, Rinehart & Winston.

———. 1952. *Cultural Sciences.* Urbana: University of Illinois Press.

———. 1965. *Social Relations and Social Roles.* San Francisco: Chandler.

Zurcher, L. A. 1977. *The Mutable Self.* Beverly Hills, CA: Sage.

索引

A

B

C

D

E

F

G

L

M

N

O

Obtrusive, 強迫性的 34, 83-85, 109
Operationalization, 操作 24
Outlines, 大綱 175
Outsiders, 圈外人 18-21, 61, 66, 70, 74, 88, 115-116, 181

P

Participant observation, 參與觀察法
  covert, 隱蔽的參與觀察法 69, 184
Pencil and paper, 紙和筆 146-147
Personal experience（s）, 個人經驗 39, 121, 135-138, 153
Photography, 照片 31, 140, 149-150, 154
Politics, 政治性 38, 43, 57, 64-65, 75, 84, 90, 100, 116, 181, 186
Positivistic, 實證主義 3-6, 34
Prestige, 威望 28, 64-65, 68, 105, 110

Q

Qualitative, 屬性的 3, 34, 49, 131, 181-182, 184, 187
Quantitative, 屬量的 49, 52, 131
Questionnaires, 問卷 31-34, 121, 130-131, 137

R

Reciprocity, 報酬 101, 104
Records, 記錄 7, 31-33, 46, 130, 134, 137, 139-145, 149-153
Reliability, 可靠度 37, 51-56, 184
Role（s）, 角色 20, 23, 29-31, 36, 59, 64, 66, 71, 75, 78-81, 82-94,
  100, 109, 123-125, 135, 177, 185-186
  insider, 圈內人角色 85-90
  outsider, 圈外人角色 82-85

S

關於作者

　　Danny L. Jorgensen 博士是南佛羅里達大學的社會學教授，有關參與觀察法的文章散見各大期刊，目前致力於以參與觀察法研究越南難民及其家族，是此調查方法的權威學者之一。

應用社會科學調查研究方法系列叢書

參與觀察法

原　　著 / Danny L.Jorgensen
譯　　者 / 王昭正、朱瑞淵
校　　閱 / 孫陸智
執行編輯 / 古淑娟
出 版 者 / 弘智文化事業有限公司
總 經 銷 / 揚智文化事業股份有限公司
地　　址 / 新北市深坑區北深路三段 258 號 8 樓
電　　話 / (02)8662-6826
傳　　真 / (02)2664-7633
網　　址 / http://www.ycrc.com.tw
　E-mail　/ service@ycrc.com.tw
　I S B N　/ 978-957-98081-9-8
初版二刷 / 2005 年 6 月
定　　價 / 新台幣 200 元

國家圖書館出版品預行編目資料

參與觀察法 / Danny L. Jorgensen 著；王昭正
・朱瑞淵譯. --初版. --台北市：弘智文化；
1999〔民 88〕
面： 公分（應用社會科學調查研究方法
系列叢書；7）
參考書目：面
含索引
譯自：Participant Observation: A Methodology for
Human Studies
ISBN 957-98081-9-8（平裝）

1. 社會科學—研究方法

501.23   88003352